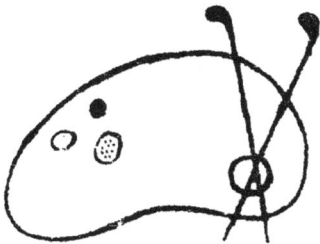

Début d'une série de documents
en couleur

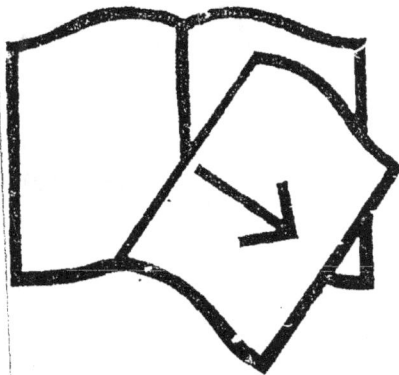

Couverture inférieure manquante

LA

FRONTIÈRE D'EMPIRE

DANS L'ARGONNE

ENQUÊTE

FAITE PAR ORDRE DE RODOLPHE DE HABSBOURG

A VERDUN, EN MAI 1288

PAR

Julien HAVET.

PARIS

H. CHAMPION, LIBRAIRE

15, QUAI MALAQUAIS.

—

1881

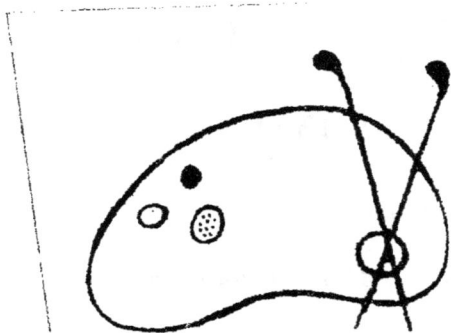

Fin d'une série de documents
en couleur

LA

FRONTIÈRE D'EMPIRE

DANS L'ARGONNE

ENQUÊTE

FAITE PAR ORDRE DE RODOLPHE DE HABSBOURG

A VERDUN, EN MAI 1288

PAR

Julien HAVET.

PARIS

H. CHAMPION, LIBRAIRE

15, QUAI MALAQUAIS.

1881

Extrait de la *Bibliothèque de l'École des chartes*

Tome XLII, année 1881, p. 383-428.

LA FRONTIÈRE D'EMPIRE

DANS L'ARGONNE

ENQUÊTE

FAITE PAR ORDRE DE RODOLPHE DE HABSBOURG

A VERDUN, EN MAI 1283.

———⋲◇⋻◇⋲⋻———

Le document qu'on trouvera plus loin a été signalé et brièvement analysé par dom Calmet[1], mais il ne semble pas que personne en ait encore publié le texte. Il paraît assez intéressant pour mériter d'être imprimé tout entier. Il touche à une grave et difficile question de géographie historique, la détermination exacte des limites du royaume de France et de l'Empire au moyen âge. Il ne faut pas dédaigner les trop rares documents qui peuvent nous éclairer sur cette matière obscure.

I.

OCCASION ET OBJET DE L'ENQUÊTE.

Cette pièce se rattache à la querelle qui divisa Thibaud II, comte de Bar-le-Duc, et Philippe le Bel, roi de France, et qui aboutit, après la mort de Thibaud, à la soumission de son successeur Henri III et à la création du « Barrois mouvant ». Il n'est pas nécessaire de refaire ici en détail l'histoire de cette querelle[2]. Il suffit de rappeler

---

1. *Histoire ecclésiastique et civile de Lorraine*, t. II, col. 330-331.
2. Voir sur ce sujet Calmet, *Hist. eccl. et civ. de Lorraine*, II, 328 et suiv.; L. Delisle, *Essai de restitution d'un volume des Olim* (dans Boutaric, *Actes du parlement de Paris*, t. I), n⁰ˢ 642 (p. 406), 744 (p. 430), 788 (p. 439 et note), 847 (p. 448); P.-A. Lemaire, *Recherches historiques sur l'abbaye et le comté de Beaulieu-en-Argonne* (Bar-le-Duc, 1873, in-8·), p. 39 et suiv., 207 et suiv.

quelques faits. L'abbaye de Beaulieu-en-Argonne [1], au diocèse de Verdun, était sous la garde des comtes de Bar. En 1286, « on ne sçait pas distinctement à propos de quoy », selon les termes de Calmet, « l'Abbé se brouilla avec Thiébaut II, qui luy fit ressentir les effets de son indignation. » Le comte fit occuper par ses gens les villages et les possessions de l'abbaye, saisir ou dévaster ses biens. « L'Abbé eut recours au Roy Philippe le Bel, et le pria de le protéger. Le Roy envoya des troupes dans l'Abbaye, et dans les terres de sa dépendance », et commença contre le comte de Bar une poursuite judiciaire. Thibaud allégua l'incompétence de la justice royale, car, disait-il, Beaulieu était situé hors du royaume de France, en terre d'Empire. La cour de parlement ordonna une enquête ; des commissaires royaux se rendirent à Sainte-Menehould pour s'informer auprès des habitants [2]. Les dépositions des témoins, interrogés en territoire français et par des commissaires français, furent naturellement favorables aux prétentions du roi de France, et, au parlement de la Toussaint de l'an 1287, la cour, sur le vu de l'information, prononça par arrêt que Beaulieu était du royaume :

Cum dubitaretur de garda seu custodia ecclesie Belli Loci in Argonna, et utrum dicta ecclesia esset sita infra punctos comitatus Campanie et utrum etiam esset sita in regno Francie et de regno : visa informatione facta super hoc, visum est consilio quod sit de garda speciali comitis Campanie et de garda seu custodia generali domini regis, et quod sit infra punctos seu terminos comitatus Campanie et infra terminos regni Francie et de regno [3].

Le comte de Bar, n'acceptant pas cette décision, et voulant, pour lutter contre le roi de France, s'assurer l'appui au moins moral des autorités de l'Empire, fit savoir directement ou indirectement au roi des Romains, Rodolphe de Habsbourg [4], l'entreprise du roi de France ; Rodolphe invita le comte à l'informer exactement du détail des faits [5]. Thibaud assembla à Saint-Mihiel, le 19 février 1288, les prin-

---

1. Meuse, arrondissement de Bar-le-Duc, canton de Triaucourt.
2. Delisle, n° 744, p. 430, col. 1.
3. Delisle, n° 642, p. 406.
4. On sait que Rodolphe de Habsbourg, n'ayant pas été couronné par le pape, n'a jamais porté que le titre de roi des Romains, quelquefois remplacé dans l'usage vulgaire par celui de roi d'Allemagne. Beaucoup d'écrivains modernes lui donnent à tort, ainsi qu'aux autres rois des Romains, le titre d'Empereur.
5. Calmet, II, DXXV-DXXVI.

cipaux seigneurs et chevaliers du Barrois, pour le conseiller, suivant leur devoir féodal ; ils lui donnèrent des lettres, sous leurs sceaux, par lesquelles ils déclaraient que Beaulieu-en-Argonne était du comté de Bar et du «royaume d'Allemaigne [1] », que Philippe le Bel usurpait sur les droits de l'Empire en y envoyant « ses commandemens et ses sergens pour justicier et pour sergenter », et que le comte ferait bien de rapporter le tout « audit roy d'Allemangne, parce que li diz roy d'Allemangne ou autres roys ou Empereurs qui après luy pourront venir n'en puissent repenre le dit comte ny ses hoirs [2] ». D'autre part, le 3 mars 1288, Thibaud dénonça au chapitre de Verdun (le siège épiscopal vacant) l'occupation de Beaulieu, en ajoutant qu'il tenait tous ses droits sur cette abbaye en fief de l'évêque et de l'Église de Verdun, et requit le chapitre, comme son seigneur, de l'aider à en recouvrer la paisible jouissance [3] ; ce qui engagea le primicier de Verdun, garde des biens de l'évêché pendant la vacance, à appeler à son tour l'attention du roi des Romains sur les usurpations commises au préjudice de l'Empire [4]. C'est à la suite de toutes ces protestations que Rodolphe se décida à ordonner l'enquête qui fait l'objet de la présente publication.

Trois commissaires furent chargés de cette enquête ; l'un fut un clerc de pays wallon, Anselme de Porroie, chanoine de Liège, les autres deux chevaliers allemands, Hartmann de Ratzenhausen et Eberhard de Landsberg. Ils furent nommés par des lettres royales, datées de Kyburg [5], le 29 avril 1288, et ainsi conçues :

Rudolfus, Dei gracia, Romanorum rex semper augustus, universis sacri imperii Romani et precipue dyocesis Virdunensis fidelibus, gratiam suam et omne bonum. Honorabilis vir .. primicierius Ecclesie Virdunensis, qui, sede vacante Virdunensi, custos et gardiator castrorum existit et episcopatus Virdunensis, per nobilem virum .. de Albo Monte Nostre Serenitati cum affectu commendabili demonstravit, videlicet, quod .. rex Francie, regni sui metis et terminis non contentus, civitatem Virdunensem et dyocesim, cum quibusdam locis aliis convicinis,

1. L'un des trois royaumes qui composaient le saint-empire romain ; les deux autres étaient le royaume d'Arles et de Vienne (ancien royaume de Bourgogne) et le royaume d'Italie ou de Lombardie : Freeman, *Historical Geography of Europe* (London, 1881), p. 148.
2. Calmet, II, DXXV-DXXVII.
3. Calmet, II, DXXV.
4. Lettres de Rodolphe du 29 avril 1288, ci-dessous.
5. Suisse, canton de Zurich, district de Pfäffikon.

suis finibus et jurisdictioni nititur applicare, gracia cujus devotionis et
fidei plenitudinem discreti viri supradicti .. primicerii sinceriter com-
mendamus. Et quia Deus super excelsa sublimior nos ad imperiale
solium sublimavit, ut menbra Romani imperii suo corpori firmiter
adhereant indecisa, supradictum negotium, ad instantiam predicti primicerii, honorabili viro Anselmo de Porrogia, canonico Leodiensi, et
strennuis viris Hatmanno de Razenhusen et Eberhardo de Landisperg,
militibus, fidelibus nostris, commisimus efficaciter inquirendum. Qui,
diligenti et studioso indagine hujus rei edocta veritate, Nostram Sere-
nitatem luculentius informabunt. Dat. Kibûrg, iij° kalendas maii,
regni nostri anno quintodecimo [1].

Les trois commissaires arrivèrent à Verdun le vendredi 14 mai 1288,
avant-veille de la Pentecôte, et y séjournèrent jusqu'au mardi 25 du
même mois, surlendemain de la Trinité. Durant ces douze jours,
ils entendirent quatre-vingt-quatre témoins. Rien ne fait connaître
directement comment et par qui ceux-ci furent choisis ; mais c'étaient
tous des hommes du comte de Bar ou de l'Église de Verdun, et
l'unanimité avec laquelle ils déposèrent en faveur des prétentions du
comte laisse à penser qu'ils ne parlèrent que par son ordre ou sur
son invitation. Le résultat de l'enquête de Verdun fut naturellement
contraire de tout point à celui de l'enquête de Sainte-Menehould, et
les commissaires, en retournant auprès du roi leur maître, purent
lui présenter un rapport qui affirmait, sur toutes les questions
débattues, le bon droit de l'Empire et du comte de Bar, le mauvais
droit du roi de France. Rodolphe sanctionna les conclusions de ce
rapport par des lettres royales, données à Strasbourg, le 12 octobre 1289, en ces termes :

Rudolfus, Dei gracia, Romanorum rex semper augustus, universis
sacri Romani imperii fidelibus presentes litteras inspecturis, gratiam
suam et omne bonum. Relatibus multorum, crebra fama et multorum que-
rimonia ad Serenitatis Nostre certitudinaliter pervenit auditum quod illu-
stris .. rex Francie terram et partes nostras et sacri Romani imperii subin-
travit, usurpando diversimode sibi bona, jura, obventiones et possessiones
in eisdem. Nos autem hujusmodi relatuum, fame et querimonie, ne quic-
quam minus provide facere videremur, certitudinem omnimodam habere
volentes, ad episcopatum Virdunensem viros providos et discretos, clericos
et laicos, de quorum industria, constancia et puritate fidei obtinuimus
confidentiam plenissimam, misimus, qui facti hujusmodi inquirerent

1. Vidimus du 21 mars 1295, reproduit dans un vidimus du 6 décembre 1299,
Bibliothèque nationale, manuscrits, collection de Lorraine, vol. 199, pièce 19 ;
imprimé, Calmet, II, DXXVIII.

veritatem. Qui cum, inquisitione clare et mature completa et in publica instrumenta redacta, se nostris conspectibus obtulissent, relatibus, fame et querimonie supradictis veritatem omnimodam invenimus suffragari. Unde, noientes ut dicta inquisitio facta oblivioni daretur, sed perpetuo in memoria haberetur, ipsam inquisitionem huic littere annexam approbamus, ratificamus et testimonio presencium confirmamus. Dat. Argentine, .iiij°. idus octobris, indictione .iij°., anno Domini .M°.CC°. octogesimo nono, regni vero nostri anno septimo decimo [1].

Cette approbation officielle fut à peu près tout ce que le comte de Bar obtint de Rodolphe ; mais lui et son successeur, Henri III, paraissent y avoir attaché une assez grande importance, car durant le cours de leur lutte contre Philippe le Bel, qui se prolongea pendant douze ans, ils demandèrent deux fois la confirmation des lettres de Rodolphe aux rois élus après lui, Adolphe de Nassau et Albert de Habsbourg. On a les lettres confirmatives de ces deux princes ; celles d'Adolphe sont en date du 21 mars 1295 et celles d'Albert du 6 décembre 1299. C'est par ces *vidimus* que le texte des lettres de Rodolphe, de 1288 et 1289, nous est parvenu [2]. En 1304, le comte Henri III, vaincu, dut traiter avec le roi de France aux conditions imposées par celui-ci. Il céda à la France la mouvance de tout ce qu'il avait à l'ouest de la Meuse ; c'est ce qu'on a appelé le *Barrois mouvant*, pays qui depuis lors a toujours été sous la souveraineté de la France, bien que les princes qui régnaient sur l'Empire n'en eussent point ratifié la cession. Il abandonna en même temps le droit de garde sur l'abbaye de Beaulieu et reconnut ce droit au roi.

L'original du rapport des trois commissaires demeura entre les mains du comte de Bar. Il passa régulièrement à ses successeurs, et c'est ainsi qu'il est arrivé, avec les autres titres du trésor des chartes de Lorraine et de Bar, aux archives du département de Meurthe-et-Moselle, à Nancy, où il est conservé aujourd'hui.

II.

MONTFAUCON-D'ARGONNE.

Le mandat des commissaires était de s'informer s'il était vrai que le roi de France entreprit sur les droits de l'Empire, en essayant de s'attribuer l'autorité sur des parties du territoire impérial. Ce fut la

1. Vidimus du 6 décembre 1299, Bibl. nat. et Calmet, ibid.
2. Bibl. nat. et Calmet, ibid.

question qu'ils posèrent aux témoins appelés à l'enquête. La réponse fut affirmative, et les témoins désignèrent nommément deux points de l'Empire où le roi de France exerçait, selon eux, un pouvoir usurpé : Montfaucon-d'Argonne et Beaulieu-en-Argonne.

Montfaucon-d'Argonne[1], bourg sur une hauteur, au nord-ouest de Verdun, était de l'ancien *pagus Dulcomensis* ou Dormois[2], du diocèse de Reims et du doyenné de Dun. La seigneurie et la justice du lieu appartenaient à une collégiale qui y était établie sous l'invocation de saint Germain, et qui avait remplacé une ancienne abbaye ; les chanoines et leur prévôt tenaient cette seigneurie en fief de l'évêque et de l'Église de Verdun[3], auxquels l'abbaye qu'ils remplaçaient avait été donnée, entre les années 888 et 893, par Arnoul, roi de Germanie[4]. En outre, le comte de Grand-Pré[5] y eut longtemps des droits de chasse, de gîte, de charroi, d'ost, de chevauchée et même de justice, qu'il tint d'abord du comte de Bar[6] et qu'il lui vendit en 1267[7]. Ces droits amenèrent des discussions entre le comte de Bar et le chapitre des chanoines ; un long rôle de dépositions de témoins, conservé aux archives de Meurthe-et-Moselle, est consacré à la discussion de l'étendue des droits que le comte de Grand-Pré exerçait à Montfaucon avant la vente consentie par lui au comte de Bar[8]. Peut-être ces difficultés furent-elles la cause qui

1. Meuse, arrondissement de Montmédy, chef-lieu de canton.
2. Longnon, *Études sur les pagi de la Gaule*, 2ᵉ partie (*Bibliothèque de l'école des hautes études*, 11ᵉ fascicule), p. 50 et 53.
3. Ci-dessous, §§ 21, 62, 63, 66 ; archives de Meurthe-et-Moselle, trésor des chartes, layette Bar fiefs I, n° 15.
4. Wassebourg, *Antiquités de la Gaule belgique*, t. I, fᵒ 174 rᵒ.
5. Ardennes, arrondissement de Vouziers, chef-lieu de canton.
6. Aveu de novembre 1260, cartulaire de Bar, Bibliothèque nationale, ms. lat. 11853, fᵒ 34 vᵒ.
7. Acte du 27 octobre 1267, ibid., fᵒ 35 rᵒ et vᵒ.
8. Trésor des chartes de Lorraine, Bar fiefs I, n° 15. Ce rôle ne parle jamais des droits du comte de Grand-Pré qu'à l'imparfait : « li cuens de Grant-Prey i *avoit* sa justice sus ses homes et ... *estoient* sui home justisable... » Il est donc postérieur à la vente de 1267, mais de peu d'années apparemment, car il n'y est jamais question de droits exercés par le comte de Bar lui-même. Les difficultés auxquelles il a trait se seront sans doute produites au moment où le comte de Bar aura voulu entrer en possession des droits que lui avait cédés le comte de Grand-Pré. — Le rôle contient les dépositions de huit habitants de Nantillois (Meuse, arrondissement de Montmédy, canton de Montfaucon-d'Argonne) ; ces témoins contredisent, en termes fort vifs, les dépositions données par d'autres témoins, qui prétendaient restreindre les droits du comte au profit du chapitre. La pièce n'est qu'une longue suite de démentis : « De ce que Aa..reus dit que

décida le chapitre à chercher une protection au dehors. Le roi de France devait être tout disposé à saisir l'occasion de mettre sous sa main le bourg de Montfaucon, position stratégique avancée, qui dominait la vallée de la Meuse et le territoire de l'Empire, à quelques lieues seulement de la cité épiscopale de Verdun. Philippe le Hardi conclut avec les chanoines un acte de « compaingnie », comme l'appelle notre texte, c'est-à-dire une association de seigneurie et de justice. J'aurais voulu retrouver cet acte, auquel il est fait plusieurs fois allusion dans l'enquête de 1288[1] ; je l'ai demandé en vain aux archives nationales, à Paris, et aux archives de la Meuse, à Bar-le-Duc. Ces établissements possèdent l'un et l'autre des titres qui proviennent de Montfaucon-d'Argonne, mais l'acte de la *compagnie* avec Philippe le Hardi n'y a pu être trouvé, ni en original ni en copie. Il semble pourtant que le texte de cet acte se soit conservé jusqu'à nos jours, car il est cité à plusieurs reprises dans le *Dictionnaire topographique du département de la Meuse*, sous le nom de « Cession à Philippe le Hardi » et avec la date de 1272[2]. Cet accord permit au roi d'envoyer à Montfaucon un prévôt pour y rendre la justice en son nom[3]. La nouvelle prévôté royale fut placée dans le ressort du bailliage de Vermandois ; elle est mentionnée dans deux arrêts insérés aux *Olim* et rendus, l'un au parlement de la Chandeleur en 1274, l'autre à celui de la Pentecôte en 1281, qui ont pour objet des plaintes du comte de Bar ou de ses gens contre deux prévôts de Montfaucon[4]. Le comte n'avait donc pas cessé d'être en différend avec les habitants et les autorités de Montfaucon[5], sans doute toujours à propos des droits partiels de sei-

---

l'esglize de Montfalcon at toute justice ... il ne dit pas voir... Qu'il vit bannir a la justice de Montfalcon Heibert Tournemine, c'est fauz... Qu'il le vit bannir depuis x ans ensa, et ce ment... Contre Coulon d'Aspremont, de ce qu'il dit qu'il at veu veeir la chevalchie au conte et l'ost, il ce ment, ausi com Andreus ment de ceste choze... » Ces formules reviennent presque à toutes les lignes de la pièce, qui remplit quatre grandes feuilles de parchemin. Il serait intéressant de connaître un peu mieux l'occasion qui a fait rédiger ce curieux document et la procédure antérieure à laquelle il se réfère.

1. Ci-dessous, §§ 3, 10, 21, 44, 58, 61.
2. Félix Liénard, *Dictionnaire topographique du département de la Meuse*, articles *Cuisy, Montfaucon, Septsarges*.
3. Enquête, § 1.
4. *Les Olim*, publiés par Beugnot, t. II, p. 57 et 176. Dans le second de ces arrêts, il s'agit d'un ancien prévôt, qui avait cessé ses fonctions depuis huit ans.
5. C'est ce qui résulte aussi d'une lettre du 24 octobre 1278, par laquelle le

gneurie qu'il avait acquis sur ce lieu ; mais il ne songeait pas alors à contester la légitimité du pouvoir qu'y exerçait le roi de France, puisqu'il portait à la cour même du roi les plaintes qu'il avait à faire contre son prévôt. Au reste, à une époque qui n'est pas exactement déterminée, probablement quelques années avant 1288, la *compagnie* entre le roi de France et le chapitre de Montfaucon fut annulée par arrêt du parlement ; ce sont deux des témoins de l'enquête qui nous l'apprennent, sans dire comment, à quel propos ni sur la demande de qui cette annulation fut prononcée : « Mes sires Eudes ... dit qu'il vit que li roy de France ... ne justisoiet au dit leu de Montfalcon ne as parties par desai entre Montfalcon et Verdun, ne riens n'i avoient qu'il eust oï dire ne veu, ains vit que Monffalcons estoit justicie par celz de l'Empire, fors puis la compaingnie que li rois de France et li chenoinne de Montfalcon firent ensemble, *la queilz compaingnie par droit en debatant est alee a niant en la court le roy de France.* » (§ 3, cf. § 61.) Cet arrêt d'annulation, dont il ne nous est parvenu aucune autre trace, était sans doute enregistré dans ce volume perdu des *Olim*, dont M. Delisle a en grande partie restitué le texte [1].

Telle était la situation au moment de l'enquête de Verdun, et l'on ne voit pas bien à quel propos on fit intervenir le nom de Montfaucon dans l'affaire qui avait motivé cette enquête. L'annulation de l'acte d'association de 1272 avait sans doute mis fin à l'exercice de l'autorité du roi de France à Montfaucon ; en effet, quand un témoin de l'enquête, signalant l'intervention française en ce lieu, mentionne notamment l'envoi d'un prévôt royal, il parle au passé : « il dit qu'il ait veu que li roi de France n'avoient ne signorie ne jostice à Montfalcon, et puis at-il veu que li rois i *emvoieait* un suen prevost por

comte de Nevers prie le roi de lui renvoyer, comme au juge du domicile du défendeur, une action mobilière portée en parlement contre le comte de Bar par le chapitre de Montfaucon : « Cum ... Thob., comes Barren., super mobilibus et capitalibus a preposito et capitulo ecclesie Montis Falconis coram vobis conveniatur vel conveniri speretur et dictus comes sit cubans et levans seu domicilium habeat in feodo nostro et territorio, propter quod nostre juridicionis est quantum ad predicta... » (Archives de Meurthe-et-Moselle, trésor des chartes de Lorraine et de Bar, layette Bar mouvant, n° 14.)

1. Dans Boutaric, *Actes du parlement de Paris*, t. I. — On trouve dans le ms. n° 718 de la collection de Lorraine, à la Bibliothèque nationale, f°s 93, 97 et 104 r^os, des actes de la cour du prévôt ecclésiastique de Montfaucon, en date d'avril 1281 et de 1282, sans qu'il soit fait aucune mention d'un prévôt du roi de France. Ceci peut donner lieu de croire l'annulation de l'accord de 1272 antérieure à 1281.

lai jostitier, li queilz prevos *avoit* a nom Martin. » (§ 4.) Aucun des témoins ne dit positivement qu'au moment même où il parle, le roi de France occupe Montfaucon et y usurpe le pouvoir.

Était-il vrai, comme le prétend l'enquête, que Montfaucon fût de l'Empire et que Philippe le Hardi eût commis une usurpation en y envoyant son prévôt? Il faut distinguer. Montfaucon était de l'Empire, cela paraît certain. On ne comprendrait pas, autrement, comment le roi de Germanie Arnoul aurait pu donner ce lieu à l'Église de Verdun, ainsi qu'on l'a vu plus haut. Un document ancien, qui décrit les limites du comté épiscopal de Verdun, fait passer ces limites par Montfaucon, ce qui semble englober ce lieu, au moins en partie, dans le comté[1]; or il n'est pas douteux que le comté de Verdun ne fût fief d'Empire. Enfin, Montfaucon est situé plus à l'est que les lieux de Cierges et Romagnes, au nord, de Cheppy et Varennes, au sud, que des textes français du xivᵉ siècle disent expressément *in Imperio*[2]. Il y a donc tout lieu d'admettre les affirmations des témoins de 1288, quand ils déclarent qu'aucun roi de France, avant Philippe le Hardi, n'avait exercé d'autorité sur Montfaucon (§§ 1, 3, 10, 21, 44, 58, 61), que ce lieu n'avait pas contribué aux décimes levés exclusivement en territoire français (§§ 1, 2, 10, 47, 48), qu'on n'y avait pas tenu compte des sentences d'interdit prononcées sur la France (§ 1). Ce qui n'est pas si clair, c'est que l'association du roi de France avec les chanoines et l'envoi d'un prévôt royal constituassent, ainsi qu'on le prétend, une entreprise illicite et un abus d'autorité. La qualité de roi d'un pays n'excluait pas, dans le régime

1. Ce document, dont la date est incertaine, a été publié par Mabillon, *Librorum de re diplomatica Supplementum*, p. 101, et réimprimé, entre autres, dans le *Dictionnaire topographique du dép. de la Meuse*, de M. F. Liénard, p. xii. Il commence par ces mots : « Virdunensis comitatus ita in circuitu habetur. Incipit enim a Leone Montefalconis ... » et finit par ceux-ci : « et inde recta via *usque ad Montemfalconis* et usque ad Leonem a quo prius incepimus. » Il suffit des mots *usque ad Montemfalconis* pour faire voir que la limite passait par Montfaucon. Quant aux mots *Leo Montefalconis*, on les a traduits par Lion-devant-Dun, lieu autrefois dépendant de la collégiale de Montfaucon ; c'est faire remonter la ligne de frontière bien loin au nord, et l'on ne voit guères comment elle pourrait revenir de là à Soutry (commune de Sivry-sur-Meuse), dont il paraît être question ensuite. Le *leo Montefalconis* n'était-il pas plutôt un lion de pierre établi à Montfaucon même pour marquer la limite? Il y avait de même à Verdun, selon M. Liénard (*Dictionnaire*, p. 130), un lion de pierre, au bas d'une des tours de la cathédrale, qui marquait la limite de la juridiction du chapitre ; on montre aujourd'hui ce lion au musée de Verdun.

2. Varin, *Archives administratives de Reims*, t. I, p. 1091, 1092, 1097.

féodal, le droit de tenir une seigneurie en un autre royaume ; c'est ainsi que les rois d'Angleterre tinrent longtemps en France le duché de Normandie et d'autres fiefs, les rois d'Aragon le comté de Barcelone, que Philippe le Bel et ses fils tinrent en l'Empire le comté de Bourgogne. Rien n'empêchait, ce semble, Philippe le Hardi d'acquérir de même des chanoines de Montfaucon, seigneurs de ce lieu, une part de leur seigneurie, qu'elle fût de France ou d'Empire. Du moment qu'il n'y exerçait le pouvoir qu'en vertu d'une association avec les seigneurs, c'était comme co-seigneur et non comme roi qu'il l'exerçait, et il n'y avait là, au point de vue du droit strict, aucune intrusion de la souveraineté française en Allemagne.

Trente ans après l'époque qui nous occupe, en novembre 1319, une nouvelle association de seigneurie et de justice fut conclue entre le roi de France et le chapitre de Montfaucon [1]. Il fut convenu que le chapitre et le roi auraient chacun leur prévôt, que les deux prévôts rendraient concurremment la justice, que les émoluments et profits de la seigneurie seraient partagés, etc. Ce second partage fut plus durable que le premier ; l'état de choses qu'il établit a duré jusqu'à la révolution [2] ; la suzeraineté de l'Église de Verdun sur Montfaucon tomba, à ce qu'il semble, en oubli. La prévôté royale de Montfaucon-d'Argonne dépendait encore au XVIIIe siècle, comme sous Philippe le Hardi, du bailliage de Vermandois [3].

Relevons encore, avant d'en finir avec Montfaucon, quelques détails nouveaux qu'apporte, pour l'histoire de cette localité, l'enquête de 1288. Nous y apprenons qu'au XIIIe siècle, non seulement le prévôt du chapitre tenait sa prévôté en fief de l'évêque de Verdun, mais encore que l'évêque avait, en vertu de cette tenure, la jouissance et l'administration de la prévôté lorsque celle-ci était vacante (§§ 62, 63) ; qu'il y avait à Montfaucon une tour forte, qui constituait le corps

1. Copie de 1547, sur papier, aux archives nationales, J 760, n° 41.
2. Les comtes de Bar avaient dû l'accepter ; voir des lettres de la comtesse de Bar régente (1344-1352), demandant au roi de France des faveurs pour ses sujets habitant Montfaucon : archives de Meurthe-et-Moselle, trésor des chartes de Lorraine et de Bar, layette Bar ville et bailliage I, n° 20. En 1346, dans l'un des textes publiés par Varin et déjà mentionnés (*Arch. admin. de Reims*, I, 1093), Montfaucon est nommé sans la qualification *in Imperio*, peut-être parce que le roi y était de fait aussi maître que dans son royaume. Du reste, les rédacteurs de ces textes ne paraissent pas s'être astreints à donner régulièrement cette qualification à tous les lieux auxquels elle pouvait s'appliquer.
3. Titres modernes de la collégiale de Saint-Germain de Montfaucon, aux archives de la Meuse.

du fief tenu de l'évêque par le prévôt (§ 24) et dont le prévôt devait en certains cas délivrer les clefs à l'évêque (§ 56) ; que, sous l'épiscopat de Robert de Milan (1255-1271), cette tour fut attaquée et détruite par le comte de Grand-Pré[1] (§§ 62, 66), que l'évêque la fît refaire (§§ 59, 62, 66) et dépensa pour cela une somme de trente à quarante livres (§ 65) ; enfin, suivant un des témoins, « cil de Montfalcon doient chascun an a la citei de Verdun une certainne soume d'argent por paier les waites dou chasteil de Verdun et refaire une partie des murs dou chasteil de Verdun, et parmi ce il pueent devenir borgois de Verdun quant il lor plaît » (§ 44).

III.

BEAULIEU-EN-ARGONNE.

Le second lieu d'Empire où le roi de France, selon les témoins de l'enquête, entrait sans droit et « de novel », c'est celui qui avait fait l'objet premier du débat, Beaulieu-en-Argonne. On a vu que, l'année précédente, en 1287, une enquête faite à Sainte-Menehould et un arrêt rendu en parlement à Paris avaient déclaré que Beaulieu était du comté de Champagne et du royaume de France ; l'enquête faite à Verdun en 1288 le déclare au contraire du royaume d'Allemagne et de l'Empire. Pour juger qui avait raison, il faudrait pouvoir lire également les assertions des deux parties et comparer au texte de l'enquête de Verdn celui de l'enquête de Sainte-Menehould. Peut-être ne doit-on pas renoncer à tout espoir de retrouver cette dernière. En attendant ce hasard heureux, on en est réduit, pour juger la question, à de bien faibles indices.

La première raison alléguée pour prouver que Beaulieu est de l'Empire, c'est qu'il « siet desai le rui de Byenme devers Verdun,

---

1. Comparez le passage suivant du rôle des dépositions des habitants de Nantillois sur les droits du comte de Grand-Pré à Montfaucon, cité plus haut ; je restitue par conjecture, entre crochets, les mots effacés dans l'original : « Item, de ce qu'il dit qu'onques l'esvesques de Verdun n'anvoiat gens pour [aus deffendre, il ce ment], car en icelui tains que li esvesques [de Verdun] envo[iat gens] a Montfalcon por deffendre la tour, [li cuens de] Grant-Prey avoit batant a la ville de Mont[falcon, et] prist [dous ho]mes en la tour, la envoiiez de par l'es[vesque de] Verdun, [c'est] a savoir mon signor Jehan Rober et mon s[ignor ...] Thouain de Verdun, et les [menat ou chastel de Gr]ant-Prey mes sires Jehans de Cannon. »

li, queilz rus de Byenme depart le royalme de l'Empire. » (§ 1.) L'argument pèche par la base : la Biesme, affluent de droite de l'Aisne, coule du sud-est au nord-ouest, et Beaulieu est situé au sud-est de la source de ce cours d'eau : il n'est donc ni en deçà ni au delà de la rivière. Un autre argument, qui n'est qu'une présomption et non une certitude, c'est que Beaulieu était du diocèse de Verdun, de l'ancien *pagus Virdunensis* : or, s'il y a eu parfois des diocèses et des *pagi* partagés entre la France et l'Allemagne (on peut citer pour exemple le diocèse de Reims et, à ce qu'il semble, le *pagus Dulcomensis* ou Dormois), d'autres fois, plus souvent même sans doute, ce sont les limites des *pagi* et des diocèses qui ont servi à former celles des États[1], et le Verdunois était certainement compris, au moins en majeure partie, dans l'Empire. Une autre présomption peut être tirée d'un arrêt du parlement de France, rendu trente ans après, en 1318, qui contredit celui de 1287. En 1287, la cour avait décidé à la fois que Beaulieu était de Champagne et qu'il était de France. En 1318, le comte de Champagne ayant réclamé la garde de Beaulieu, comme d'une abbaye sise en son comté, les religieux soutinrent au contraire que leur couvent n'était pas situé en Champagne, mais « ultra terminos comitatus Campanie versus Verdunum », et la cour, leur donnant raison, adjugea la garde au roi[2]. Comme, en 1287, le roi de France était en même temps comte de Champagne, tandis qu'en 1318 le roi et le comte étaient deux personnages distincts, les deux décisions se trouvent chacune avoir été rendue au mieux des intérêts de la couronne ; mais c'est la seule ressemblance qu'on puisse trouver entre elles. Sur le point de savoir si Beaulieu était ou non du comté de Champagne, la seconde détruit la première ; et celle-ci n'avait déclaré que Beaulieu était du royaume qu'en déclarant qu'il était aussi du comté. Si les juges ont été mal informés sur un point, il est à craindre qu'ils n'aient pas été mieux informés sur l'autre, et l'on est tenté de penser qu'en réalité, en 1287, Beaulieu n'était ni du comté ni du royaume. Mais tout cela reste au fond fort incertain.

Les autres arguments mis en avant pour attribuer Beaulieu à

1. Ainsi, en 1290, dans la Thiérache, le « rieu que on appelle le Robissuel », c'est-à-dire le haut cours de la Sambre, séparait à la fois « le royaulme de France de l'Empire et l'evesquiet de Loon et de Cambray. » (Cartulaire de Guise, à la Bibl. nat., ms. lat. 17777, f° 235 v° ; Matton, *Dictionnaire topographique du département de l'Aisne*, p. 254.)

2. Arrêt du 9 août 1318, après enquête : *les Olim*, publ. par Beugnot, t. III, p. 1304-1305.

l'Empire sont des affirmations intéressantes à recueillir, mais que nous ne pouvons contrôler. Les témoins assurent qu'aucun roi de France, avant Philippe le Bel, n'avait exercé une autorité quelconque dans l'abbaye ni sur son territoire (§§ 3, 15, 21, 40, 44, 47, 58) ; que le comte de Bar, auquel appartenait jusque-là (ceci n'est pas douteux) la garde de Beaulieu, tirait du droit de garde celui de fortifier l'abbaye[1] et de s'en servir comme d'une défense pour repousser les attaques du côté de la Champagne (§§ 1, 3, 10, 15, 58, 61, 63) ; qu'il tenait cette garde et ces droits en fief de l'évêque de Verdun, qui lui-même en tenait la mouvance du roi des Romains (§§ 3, 61) ; que l'abbaye avait dû reconnaître la juridiction du comte de Bar et avait souvent plaidé devant sa cour à Saint-Mihiel, « qui est bien avant en l'Empire oltre la Mueze par devers Alemengne » (§§ 18, 22, 37, 42, 47, 58, 61) ; que Beaulieu, comme Montfaucon, n'avait jamais con- tribué aux décimes perçus sur le clergé de France, mais bien aux subsides levés sur le clergé de l'Empire[2] (§§ 1, 2, 10, 47, 48, 58) ; que les habitants de Beaulieu, comme ceux de Montfaucon, étaient tenus de contribuer aux dépenses des fortifications et de la garde de Ver- dun, et avaient le droit de se faire recevoir citoyens de cette ville

1. Il ne l'avait fortifiée que de palis ; le roi de France, aussitôt qu'il l'eut entre ses mains, s'empressa de substituer aux remparts de bois des remparts et des tours de pierre : « Et dit que celle eglise de Biaulleu, qui fuit fermee de pelis par les gens de l'Empire contre ces de Champengne, li rois de France, sires de Champengne, fait orendroit fermer de pierre contre ces de l'Empire et fait ovrer et faire aparel por faire iiij tours. » (§ 15.)

2. Ces subsides sont désignés sous le nom de *vingtième*, qui ferait croire à une contribution régulière levée par les Empereurs et rois des Romains sur les églises de leurs États, à l'exemple des décimes français, et fixée à un vingtième du revenu. Pourtant, grâce à une obligeante communication de M. le professeur J. Ficker, d'Innsbruck, transmise par M. le Dr Mühlbacher, je suis informé qu'on ne connaît aucune contribution semblable en Allemagne au xiii⁰ siècle. Est-ce une erreur de notre texte? Ou faut-il y voir la révélation, unique jusqu'à ce jour, d'une institution qui n'aurait laissé aucune autre trace? — Qu'est-ce aussi que cette concession de décime et de vingtième qui fut faite à Cambrai, selon le § 2 de l'enquête? M. Gerbaux, qui a fait des décimes levés en France au xiiiᵉ siècle l'objet de sa thèse de sortie de l'école des chartes (encore inédite), n'a connaissance d'aucune concession de décime prononcée à Cambrai. — Enfin, les témoins de l'enquête admettent, comme un fait certain, que les décimes per- çus par les rois de France n'étaient levés qu'en territoire français. M. Gerbaux a bien voulu me fournir la preuve qu'au contraire des décimes ont été plusieurs fois levés par les rois de France, au xiiiᵉ s., sur les Églises étrangères au royaume, et en particulier sur celle de Verdun. — Je dois me borner ici à signaler ces diverses difficultés, en laissant à de plus compétents le soin de les résoudre.

quand ils le voulaient (§ 44); enfin, que l'abbé de Beaulieu avait envoyé un clerc pour le représenter au concile national d'Allemagne assemblé à Wurtzbourg en 1287 [1] (§ 56).

Par le traité de 1301, le comte Henri III reconnut au roi le droit de garde sur l'abbaye de Beaulieu. Mais les controverses sur la situation de cette abbaye ne furent pas éteintes. Elles ont duré jusqu'aux temps modernes. En 1565, la question de savoir si Beaulieu appartenait au roi de France ou au duc de Lorraine fut encore l'objet d'une enquête, dont le procès-verbal se trouve à Paris aux archives nationales (J 760, n° 11).

IV.

LA BIESME.

La preuve, selon plusieurs des témoins, que Beaulieu est de l'Empire, c'est qu'il « siet par desai le ru de Byenme devers Verdun » et que la Biesme « depart le royalme de l'Empire, est li royalmes de France par delai le dit ru de Bienme et li Empires par desai le dit ru devers Verdun » (§§ 1, 3, 30, 40). La première proposition est erronée, on l'a déjà remarqué : Beaulieu est au-dessus de la source de la Biesme et n'est ni en deçà ni au delà de ce cours d'eau. La seconde paraît exacte. Il y a tout lieu de croire qu'en effet la Biesme, ou du moins une partie du cours de cette rivière, formait au XIIIe siècle la limite entre la France, qui en occupait la rive gauche, et l'Empire, qui en occupait la rive droite, comme elle a depuis formé la limite entre la Champagne et le Clermontois, comme elle la forme aujourd'hui entre le département de la Marne et celui de la Meuse. En tout cas, il ne faut pas nous plaindre que l'on ait insisté longuement, dans l'enquête de 1288, sur ce point au fond étranger au débat. Il y a plusieurs renseignements historiques curieux à tirer des arguments apportés par les témoins à l'appui de leurs assertions.

M. Longnon, dans ses éclaircissements sur la carte de la France en 1259 qu'il a faite pour le *Joinville* de M. de Wailly [2], a indiqué la difficulté qu'on éprouve à marquer, pour le milieu du XIIIe siècle,

---

1. Labbe, *Sacrosancta Concilia*, XI, 1318.
2. *Jean, sire de Joinville, Histoire de saint Louis*, etc., par M. Natalis de Wailly, 2e édition (1874), p. 562.

la frontière exacte du royaume du côté de la Champagne ; il s'est
décidé, non sans hésitation, à admettre que l'ancien comté d'Astenois
(*pagus Stadunensis*), au diocèse de Châlons, faisait tout entier partie
de l'Empire. Cette opinion ne peut plus être admise. Le pays d'Astenois, dont M. Longnon a si bien établi la véritable situation,
l'étendue et les limites [1], comprenait le territoire des doyennés ecclé-
siastiques de Sainte-Menehould et de Possesse, sur la rive gauche de
la Biesme, qui lui servait de limite au nord-est. Il était donc au delà
de cette rivière par rapport à Verdun, par conséquent en territoire
français, selon le témoignage de l'enquête de 1288, si favorable
pourtant à l'Empire. Parmi les témoins qui furent entendus dans
cette enquête, et qui tous déposèrent contre la France et en faveur
de l'Empire, beaucoup étaient des vieillards en 1288, c'est-à-dire
déjà des hommes faits en 1259, date à laquelle se place M. Longnon ;
si, dans leur jeunesse, la rive gauche de la Biesme avait appartenu
à l'Empire, ils auraient eu soin de le dire. Ils l'attribuent sans hésitation à la France ; c'est une preuve suffisante que ce territoire était
compris dans les limites traditionnelles du royaume [2].

La rive droite, d'autre part, était certainement territoire d'Empire.
C'est le pays connu sous le nom de Clermontois, qui appartenait
encore à l'Empire au xviie siècle et ne fut cédé à la France que
sous Louis XIII [3]. Les témoins qui déposèrent à Verdun en 1288

1. Longnon, *Études sur les pagi de la Gaule*, 1re partie, *l'Astenois*, dans la *Bibliothèque de l'école des hautes études*, 2e fascicule. M. Longnon a définiti-
vement réfuté l'ancienne opinion, fondée sur une fausse étymologie, qui mettait Stenay dans l'Astenois.

2. Pour attribuer l'Astenois à l'Empire, M. Longnon s'appuyait sur un docu-
ment du commencement du xiiie siècle, qui dit que le comte de Champagne tenait de l'Empereur deux des principaux châteaux de ce pays, Dampierre et Possesse. Mais ces deux châteaux sont dans la partie méridionale de l'Astenois, et c'est la partie septentrionale de ce pays qui était limitée à l'est par la Biesme. On pourrait donc concilier les deux documents en supposant que l'Astenois, comme le Dormois, était partagé entre le royaume de France et l'Empire, que la partie nord (Sainte-Menehould) était du royaume, et la partie sud (Dampierre et Possesse) de l'Empire. Triaucourt, que M. Longnon (*Ét. sur les pagi*, p. 16) compte au nombre des localités de l'Astenois méridional (doyenné de Possesse), devait être de l'Empire, à en juger par un passage de la charte donnée à ce lieu en 1255 : « Si aliquis burgensis de Truaucourt a dicta villa recesserit et in regno Francie ... morari voluerit ... » (Lemaire, *Rech. hist. sur l'abb. et le comté de Beaulieu-en-Arg.*, p. 188.)

3. Liénard, *Dict. top. du dép. de la Meuse ;* Bruzen de la Martinière, *Grand Dictionnaire géographique*, t. II, p. 419-420. Une des principales villes du Cler-

eurent donc raison de dire que la Biesme marquait la limite entre le
royaume de France, d'une part, et le royaume d'Allemagne et le
saint-empire romain, de l'autre.

On ne pouvait traverser la rivière sans passer d'un État dans
l'autre. De là plusieurs conséquences, que les témoins indiquent,
comme autant d'arguments à l'appui de leurs dires.

Par exemple, tout habitant de l'une ou l'autre des deux rives de la
Biesme qui passait la rivière pour aller s'établir de l'autre côté, dans
le pays voisin, était par là même délié de la sujétion à son ancien
seigneur et pouvait se choisir un seigneur nouveau, à son gré ; mais,
par là même aussi, il perdait ses *remenances*, c'est-à-dire tous les
biens, meubles ou immeubles, qu'il laissait au lieu d'où il partait :
« Se aucuns homs ou borgois qui estoit demorans desai le ru de
Byeme devers Verdun alat demorer oultre le dit ru en Champengne
ou roialme de France, il faisoit signor de cui qu'il voloit, mais cil
qui ensi s'en aloit perdoit moble et heritaige qu'il avoit au leu dont
il estoit partis, et en teil maniere at-on usei de ces qui venoient de
par delai le dit ru de Byeme demorer par desai le dit ru de Byeme
devers Verdun, et est por la raison de ce qu'il aloient dou roialme
d'Alemengne et de l'Empire ou roialme de France et en Champengne
et dou roialme de France et de Champengne ou roialme d'Alemengne
et en l'Empire, en passant le dit ru. » (§ 3, cf. §§ 22, 30, 50, 60, 61.)
L'existence de cette coutume est confirmée par d'autres textes du
XIIIe siècle ; elle s'appliquait, du reste, non seulement aux hommes
qui passaient de l'Empire en France, mais aussi à ceux qui, sans
sortir de l'Empire, quittaient le domaine de leur seigneur pour s'établir dans une cité privilégiée, comme Metz ou Verdun. Ainsi une
charte d'affranchissement donnée aux habitants de Triaucourt [1]
par l'abbé de Beaulieu-en-Argonne, en 1255, porte « quod, si aliquis
burgensis de Truaucourt a dicta villa recesserit et in regno Francie
vel in partibus Campanie vel in Metensi sive Virdunensi civitatibus
morari voluerit, tota remanentia sua nostra erit, et quicumque fuerit
abbas Belli Loci de dicta remanentia suam faciet voluntatem [2]. » La
même clause se retrouve, mais avec une modification qui en atténue

montois et des premières qu'on rencontre sur la rive droite de la Biesme,
Varennes-en-Argonne, est expressément marquée *in Imperio* dans un texte rédigé
en France en 1346 (Varin, *Arch. adm. de Reims*, I, 1097). Sur Clermont, cf.
ci-dessous, § 21.

1. Meuse, arrondissement de Bar-le-Duc, chef-lieu de canton.
2. Lemaire, *Rech. hist. sur l'abb. et le comté de Beaulieu-en-Arg.*, p. 188.

notablement la rigueur, dans la charte de franchise de Varennes-en-Argonne, donnée par le comte de Bar en 1243 : « ... Se aulcun bourgeois de Varennes s'en alloit on royaume ou que s'en fust allé a Metz ou a Verdun, il y convenroit que, dedans l'an et ung jour qu'il en seroit allé, ait vendu ou donné a bourgeois ou bourgeoise de la ville sa remenance ... et se il ne l'avoit fait dedans le termine devant dit elle sera en ma main [1]. »

De même, une exécution légale commencée d'un côté de la Biesme ne pouvait se continuer de l'autre. Les seigneurs de la rive droite qui possédaient des bois ou des terres sur la rive gauche ne pouvaient faire amener chez eux les bêtes ou autres gages que leurs agents au delà de la frontière saisissaient en punition de quelque délit forestier : « Et dit que li abbaie de la Challaide [2] si at bois et altres terre par delai celui ru de Byeme en parties de Champengne et i ont pris sovent li moinne de la Challaide pennies, por meffais que on lor avoit fait, et amennoient celle pennie aucune fois a la Challaide, qui est par desai le dit ru de Byeme devers Verdun en parties de l'Empire : li sergent de Champengne lor ont tous jours deffendu et deffendent que il teilz pennies, prises oultre le dit ru de Byeme en Champengne, ne menessent a la Challaide ne en altres parties par desai le dit ru de Bieme devers Verdun, por ce que les parties par desai le dit ru de Byeme devers Verdun sont de l'Empire. » (§ 10.)

Toutefois, les deux rives de la Biesme n'étaient pas sans relations judiciaires l'une avec l'autre. Il y avait des plaids où ceux du côté de France et ceux du côté d'Empire pouvaient vider leurs différends par-devant la justice. L'enquête de 1288 nous révèle l'existence de ces plaids qu'on pourrait appeler internationaux. Ils ne se tenaient ni en France ni dans l'Empire, car les habitants de chacun des deux États auraient pu refuser d'aller plaider dans l'autre ; la justice siégeait entre les deux rives de la Biesme, sur un pont. « Et at-on tous jours tenu les plais et les estaus sus le dit ru, au pont c'on dit Verdenois, des entreprises qui ont estei faites de ces qui sont par desai le dit ru, qui sont de l'Empire, et de ces qui sont par delai le dit ru, qui sont dou roialme de France, si com en leu qu'il at tous jours oï dire qui depart le royalme de France et l'Empire ... » (§ 1, cf. §§ 10, 21, 30, 44, 47.) Le pont où se tenaient ces plaids était appelé le *pont*

---

1. Calmet, *Hist.*, II, CDLVIII.
2. Lachalade, Meuse, arrondissement de Verdun, canton de Varennes-en-Argonne.

Verdunois, sans doute parce qu'il donnait entrée de l'Astenois dans le comté de Verdun ou l'ancien *pagus Verdunensis*. Il était situé, dit un témoin, non loin de Lachalade (« au pont Verdenois deleis la Challaide », § 21). L'ancienne voie romaine de Reims à Verdun passait la Biesme à un kilomètre environ au sud de Lachalade [1] ; elle est encore visible sur les deux rives, mais elle est maintenant interrompue par le cours de l'eau ; on peut supposer que le *pont Verdunois* lui servait autrefois de passage et se trouvait à l'intersection de cette voie et de la Biesme. Cette justice mitoyenne entre deux souveraine-tés indépendantes est un fait curieux à noter pour l'histoire des institutions. Il est à regretter qu'aucun des témoins entendus dans l'enquête n'ait jugé à propos de dire au nom de quel seigneur ou de quelle autorité siégeait la cour du pont Verdunois. C'est un point qu'il est difficile de suppléer par conjecture ; il serait encore plus difficile de comprendre comment les plaids auraient pu être tenus sans que ce fût au nom d'un seigneur quelconque. Peut-être y avait-il à ces plaids à la fois des représentants du comte de Champagne et du comte de Bar, seigneurs immédiats des deux territoires riverains (§ 10).

La rive droite de la Biesme dépendant de l'Empire, les ordonnances législatives des rois de France n'y étaient pas applicables : les témoins de l'enquête ne manquent pas de marquer expressément ce point (§§ 3, 15, 22, 44, 50). L'un d'eux donne pour exemple les prohibi-tions de tournois édictées par divers rois de France : « De tous cou-mandemens qui sont fait et qu'il at veu faire ou roialme de France et ot dire que on at fait, il ne furent onques tenu par desai le dit ru de Byeme devers Verdun ne n'i obeïst-on onques, por ce qu'il sont et estoient de l'Empire, si comme des deffenses qui ont estei faites en France des chevaliers qui n'alassent mie as tornois et d'altres deffenses asseis. » (§ 15.) Des interdictions de ce genre avaient été prononcées en effet en 1260 et en 1280, comme l'a constaté Du Cange [2]. Un autre témoin reproche à Philippe le Bel d'avoir, sur ce point comme sur d'autres, excédé les limites de son autorité. Une ordonnance de Philippe III, du 31 mars 1277, qui nous est parvenue, avait prohibé l'exportation de diverses marchandises, notamment des laines, hors du royaume de France [3]. Philippe IV, pour mieux

---

1. Voy. la carte de France du dépôt de la guerre, au 80000ᵉ, feuille 35.
2. *Glossarium med. et inf. latin.*, éd. Henschel, t. VII, *Dissertations*, p. 27, col. 2.
3. *Ordonnances des r. de Fr.*, t. XI, p. 353 : « Il a esté ordené et commandé

assurer l'exécution de cet ordre, envoya ses sergents y tenir la main jusqu'au delà de la frontière française, et fit saisir en territoire d'Empire les laines exportées en contrebande : « Et dit que li rois de France puis dous ans en ensai at envoiei ses gens par desai le dit ru devers Verdun por sergenter et por faire coumandemens, especialment sergens qu'il at envoiei por deffendre que on ne mengne lainnes dou roialme en l'Empire, et sont venu icil sergent jusques a Verdun a trois lewes [1], a dous, a demi lewe, et pris lainnes et arestees. » (§ 44.) Il avait même tenté, dit-on, de se faire livrer par les Verdunois un habitant de leur ville, dont il voulait faire justice, comme d'un de ses sujets : « Et dit que li baillis de Chaumont, sergens le roy de France, at estei a Verdun dous fois por faire ses enquestes, et at mandei li rois de France as citains de Verdun que il delivrassent j lor citain au bailli de Chaumont por justicier et por pugnir. » (Ibid.) Ces affirmations n'ont rien que de conforme à la réputation de Philippe le Bel, qui a toujours passé pour avoir été un souverain plus entreprenant que scrupuleux. On reconnaît, au contraire, l'esprit de modération et de stricte équité de Louis IX dans un trait rapporté tout au début de l'enquête par le premier témoin entendu : « Et dit encor que por j fait qui fuit fais saenarrier de son temps, de l'avesque Guillaume de Mes, li enqueror le roy de France, qui trovarent que li fais avoit estei fais par desai le dit ru de Byeme devers Verdun, le reportarent au roy de France, por la queil chose li dis rois de France ne se mellat puis dou fait, por ce que on avoit trovei qu'il avoit estei fais en l'Empire ... » (§ 1.) Le prélat dont il s'agit ici, Guillaume de Trainel, fut évêque de Metz depuis le commencement de l'an 1264 jusqu'en 1269. Le « fait » en question est sans doute quelque épisode de ses démêlés et de ses guerres avec le comte de Bar et le duc de Lorraine, qui remplirent la plus grande partie de son épiscopat [2].

La Biesme séparant à la fois deux souverainetés, la France et l'Empire, et deux grandes seigneuries, le comté de Champagne et celui de Bar-le-Duc, il n'est pas étonnant que deux coutumes différentes fussent en vigueur sur les deux rives. Un témoin signale cette diversité de coutumes et en donne un exemple frappant tiré du droit criminel. Du côté allemand, sur la rive droite de la Biesme, l'ancien

---

pour le commun proufit du royaume de France que l'en ne traie nulles laines hors d'icelluy royaume, ne blé ne nulle autre maniere de grain, ne vin autresit. »

1. C'est-à-dire jusqu'à 3 lieues de Verdun. Ce sens paraît préférable à celui qu'on obtiendrait en mettant une virgule après Verdun.

2. Gallia christiana, t. XIII, col. 763.

usage germanique de la vengeance privée s'était conservé : si un meurtre était commis, c'était aux parents ou amis de la victime d'en poursuivre eux-mêmes la vengeance en faisant la guerre au meurtrier, à leurs risques et périls ; le seigneur justicier laissait faire sans intervenir, se bornant à imposer au coupable une amende en argent. Du côté de France au contraire, en Champagne, la coutume avait fait des progrès et n'en était plus à cette barbarie primitive ; le seigneur justicier devait châtier le coupable, dont les biens et la vie étaient à sa discrétion, et les particuliers n'avaient à se mêler de rien : « Et dit encor que par delai le dit ru de Byeme ou roialme de France la coustume est teile, que cil qui occist home est en la main le signor, cors et avoirs, et n'en demande-on riens les amis, et par desai le dit ru de Byeme devers Verdun en l'Empire qui occist home il est quites au signor parmi certainne soume d'argent et at la werre as amis. » (§ 15.) Ce double renseignement est à noter pour l'histoire du droit coutumier [1].

La propriété du lit et des eaux de la Biesme était sans doute partagée par moitié entre les deux souverainetés riveraines. Ce partage entraînait celui du droit de pêche : « Cil de desai le dit ru de Byeme par devers Verdun peichent ou dit ru de Byeme en la moitiei par devers aus, por ce qu'il sont de l'Empire, et cil de par delai le dit ru peichent en l'autre. moitiei par devers aus, por ce qu'il sont dou royalme de France. » (§ 40.) Les ponts aussi appartenaient pour moitié à la France et pour moitié à l'Empire, et chaque rive respectait les droits de l'autre, assure-t-on, même en temps de guerre : « Quant werre at estei entre ces de Champengne et le conte de Bar, cil de Champengne les pons fais sor le dit ru de Bienme deffirent plusors fois la moitiei par devers aus, et l'autre moitiei par desai devers Verdun lassoient entiere, por ce que elle estoit de l'Empire. » (§ 1.)

---

1. Sur l'usage de la guerre privée en Verdunois, comparez des lettres du 15 juillet 1269 (cartulaire de Bar, Bibl. nat., ms. lat. 11853, f° 74 v°) : « Nos Robers ... evesques de Verdun ... recognissons que de la mort Jaquemet de Vignuelles ... nos devons faire pais tenir de nos et de nos houmes et des amins le mort envers mon signor Renaut de Bar et ces homes... » — Il n'était pas nécessaire d'ailleurs de sortir de France pour trouver des pays où cet usage existât et fût autorisé par le droit ; nous voyons dans Beaumanoir, par exemple, que « coustume suefre les guerres en Biavoisis entre les gentix homes » (éd. Beugnot, t. II, p. 354). La coutume de Champagne, qui interdit les guerres privées, marque donc un progrès exceptionnel sur les mœurs de l'époque.

V.

LE TEXTE DE L'ENQUÊTE.

Le texte de l'enquête de 1288 nous a été conservé de deux façons, par le document original et par une copie du xv⁰ siècle. Celle-ci est utile pour combler quelques lacunes que l'original présente aujourd'hui.

La copie, que j'ai seul connue d'abord et d'après laquelle j'avais songé à publier le document à défaut de l'original, se trouve au tome II du grand cartulaire de Bar sur papier conservé aujourd'hui à la Bibliothèque nationale (collection de Lorraine, vol. 719, fᵒˢ 22 à 27). Elle a été faite avec peu de soin et n'aurait fourni à elle seule qu'un assez mauvais texte. J'ai dû la connaissance de l'original à M. H. Lepage, archiviste du département de Meurthe-et-Moselle, qui a mis la plus grande obligeance à le rechercher pour moi, à m'en faire connaître la découverte et ensuite à me le communiquer pendant un court séjour à Nancy.

Le document est coté : « Layette Bar mouvant, nᵒ 15. » Il se compose de neuf feuilles de parchemin. Les six premières sont de grande dimension et toutes d'une main ; les trois dernières sont beaucoup plus petites et d'une main différente. Celui qui a écrit les six premières feuilles a mis en tête de chacune, en guise de pagination, une des lettres majuscules A, B, C, D, E, F, et en tête de la première des petites feuilles la lettre minuscule *a*. Au milieu de la feuille F, on remarque un blanc dans lequel ont été écrits les mots : *Usque huc ;* le point où le texte reprend, après ce blanc, est marqué d'un petit *b*. Cela paraît signifier que le texte des trois petites feuilles *a* doit s'intercaler au point où s'interrompt celui de la feuille F, aux mots *Usque huc,* et avant la partie marquée *b*, qui forme la fin de la pièce ; en effet, la formule finale et la date se trouvent à la fin de cette dernière partie, au bas de F. C'est l'ordre qui a été suivi ci-dessous dans l'impression du document[1].

Les neuf feuilles sont liées ensemble du bas par trois doubles

----

1. Le texte des trois petites feuilles *a* forme ci-après les §§ 62 à 66, et celui de la partie *b* de la feuille F le § 67. Le copiste du cartulaire de Bar a copié les feuilles dans l'ordre où elles se présentent, sans tenir compte des lettres de renvoi ; il en résulte que dans sa copie la date se trouve au milieu du texte.

queues de parchemin, qui portent les sceaux, assez mal conservés, des trois commissaires royaux. Le premier de ces sceaux est de cire verte, de forme ovale; on voit dans le champ deux oiseaux et une fleur, et autour du champ la légende : S. ANSELMIDEP....GIACAN LEODIEN.. (*Sigillum Anselmi de P[orro]gia, canonici Leodiensis*). Le second sceau, triangulaire, de cire brune, porte un écu coupé, dans lequel on distingue (au 1) un mont, en allemand *Berg*, armes parlantes d'Eberhard de Landsberg; il ne reste de la légende que les lettres ...HARDI...LADBERC... ([*Sigillum Eber*]*hardi* [*de*] *Landberc*, [*militis?*]). Enfin le troisième sceau est rond, de cire brune; on y voit un écu couché, à une fasce, surmonté d'un cimier indistinct et de deux coquilles, et on lit autour du sceau : ...HAR..... DE..ACENHVS... ([*Sigillum*] *Har*[*tmanni*] *de* [*R*]*acenhus*[*en*]).

Il y a, d'un bout à l'autre de la pièce, d'assez nombreuses corrections, surtout des additions entre les lignes, parfois des ratures.

Quelques passages, altérés par l'humidité, sont devenus illisibles. C'est pour combler ces lacunes, d'ailleurs peu nombreuses et toujours très courtes, qu'il a fallu recourir à la copie du cartulaire de Bar. Les passages publiés d'après cette copie sont imprimés entre crochets.

L'enquête est divisée en paragraphes dans l'original même. Cette division a été conservée; un numéro d'ordre a été ajouté, entre crochets, en tête de chaque paragraphe.

Pour conserver au document sa valeur comme texte de langue, il a paru nécessaire de distinguer par un signe matériel ce qui, dans l'original, se trouvait écrit en toutes lettres, et ce qui n'y était représenté qu'implicitement, à l'aide des signes d'abréviation usités au moyen âge. L'exemple de cette précaution indispensable a été donné par M. N. de Wailly dans sa *Notice sur les actes en langue vulgaire du XIIIe s. contenus dans la collection de Lorraine*[1]; il a été imité peu après par le ministère de l'intérieur, dans la publication du *Musée des archives départementales*. Le texte suivant est établi selon le même procédé que ceux qui ont été donnés dans ces deux recueils : toutes les lettres, syllabes ou parties de mots qui ne sont indiquées dans le manuscrit que par une abréviation ont été imprimées *en italiques*. Il n'a été fait exception à cette règle que pour les passages tirés de la copie du cartulaire de Bar, où l'ortho-

---

1. *Notices et Extraits des manuscrits*, t. XXVIII, 2e partie, 1878.

graphe a toujours été profondément altérée par le copiste, et pour le texte latin inséré au § 67.

Julien Havet.

A tres noble prince *nostre* tres chier signor R., *par* la grace de Deu, roy des Romains, Ancelz de Porroie, chen*oinnes* [de l'Eccleise de Liege], Evrars de Landisperc *et* Hertemans de Lantecenchoze, ch*evalier*, ses clers et sui feable, rev*er*ence et honor. [Sire, comme nous eussien]s [de] v*os* cou*m*andem*ent* *et* receues sor ce vos lettres, des queilz li tenors si est teile : « Rudolphus, etc. » ; item : « Rudolphu[s, etc. ¹ » ; savoir faiso]ns a V[ostre] Hautesse que nos, en l'an de grace mil ijᶜ iiijˣˣ et oyt, le venredi devant Penthecoste², en proppre p*er*sone veinimes a la citei de Verdun, qui est de v[ostre reaulme, por fai]re *et* [por acomplir] ce dont chergiei nos aviez selonc la fourme *et* la tenour des lettres desor dite[s, et oïmes lai dilige]m*ent* les [tesmoingnaiges] dont li nom *et* les depositions sont ci desoz c*on*tenues, li queil, jurei *et* diligem[ent examinei, destrent par] lor [sairement] en la maniere ci-après dite.

[1] Premi*er*s, f*r*eres Jehans de Deu-en-Savengne³, pr[estes de l'ordre dou Vaul]-des-[E]sco[liers, anciens] prodom de l'eage de lx ans, qui at demorei ou pais xl ans ou plus, ens[i comme il le dit, dit] *par* son sarement, sor ce requis, que li roys de France *par* ses sergens entre *et* at entr[ei de novel en l'empir]e d'Alemengne en plusors leus, ensi com il l'at veu *et* oï dire. Requis ou sont li leu ou [il ait entrei et entre e]nsi com il at desu dit, il dit : A Montfalcon. Requis co*um*ent il le savoit, il dit qu'il [ait veu que li roi d]e France n'avoient ne signorie ne jostice a Montfalcon, et puis at-il veu que [li rois i emvoieait un suen prevo]st por lai jostitier, li queilz p*r*evos avoit a nom Martin. *Et* dit encor que bi[en appert que li dicte] ville de Montfalcon soit de l'Empire, quar, toutes les fois que on at donnei disme ou [reaulme de] France, cil de Montfalcon n'en ont point paiei, por ce que il n'estoient mie ne sont dou dit royal[me

1. L'une des deux lettres ici indiquées est sans doute la commission en date du 29 avril 1288, rapportée ci-dessus, § I. Je ne sais ce que pouvait être l'autre.

2. Le 14 mai 1288.

3. Prieuré de l'ordre du Val-des-Écoliers, aujourd'hui Dieu-s'en-Souvienne, ferme, Meuse, arr. Bar-le-Duc, cant. Vaubecourt, comm. Louppy-le-Château.

de France] ; *et*, quant on at donnei vintimie en l'Empire, cil de
Montfalcon l'ont paiei, por la raison de ce qu'il estoient *et* sont
de l'Empire ; *et* si at oï dire pluso̧rs fois que, quant on at cessei
de faire le devin ofice ou roialme de France por aucuns meffais,
que on ne cessoit mie en l'ecglise de Montfalcon, por ce qu'il
estoient et sont de l'Empire. *Et* dit encor *par* son sarement *que*
li dis rois de France at entrei *et* entre de noveil a Biaulleu, qui
est de l'aveschiei de Verdun, *et* en la terre de Biaulleu, qui sont
de l'Empire, *et* dit qu'il le seit *par les raisons desor dites. Et* dit
encor que bien apert que Beilleus est de l'Empire, quar elle siet
par desai le rui de Byenme deve*rs* Verdun, li queilz rus de
Byenme dep*art* le royalme de l'Empire, *et* est li royalmes de
France *par* delai le dit ru de Bienme *et* li Empires *par* desai le
dit ru deve*rs* Verdun, *et* ensi l'at-il tous jours oï dire ; et at-on
tous jours tenu les plais *et* les estaus sus le dit ru, au pont c'o*n*
dit V*er*denois, des entre*prises qui ont estei faites de ces qui sont
par desai le dit ru, qui sont de l'Empire, *et* de ces qui sont *par*
delai le *dit ru*, qui sont dou roialme de France, si com en leu
qu'il at tous jours oï dire qui dep*art* le royalme de France *et* l'Empire, en la maniere desor dite. *Et* dit encor que Beilleus est de
l'aveschiei de Verdun, *et* suelt-on dire co*m*munem*ent* que ce est la
chambre l'avesque de Verdun, *et* li evesque de Verdun ont tous
jours repris *et* doient repenre toute lor temporalitei dou roy d'Alemengne ou de l'Emperour, li queilz temporaliteis de l'esveschiei de
Verdun dure jusques a celui ru q*ue* on apèlle Bienme, ensi com
il l'at tous jours oï dire. Et dit encor que li cuens de Bar, en
wardant *et* en deffendant l'aveschiei de Verdun *et* la temporalitei de l'aveschiei, at de son temps fermeie l'ecglise de Beilleu
contre ces de Champ*engne*, *et* deffermei quant il li plout, *et*
pluso[rs (*suppléer* fois) tenu] leans ses warnisons contre ces de
Champ*engne*. *Et* dit que plusors fois les at-il deffendu en marche
contre ces [de Champegne], ensi com il l'at oï dire. *Et* dit encor
que por j fait qui fuit fais saenarrier de son temps, de l'a[vesque]
Guillaume de Mes, li enquer*or* le roy de France, qui trovarent
que li fais avoit estei fais *par* desai le dit ru de Byeme deve*rs*
Verdun, le reportarent au roy de France, por la queil chose li
dis rois de France ne se mellat puis dou fait, por ce que on avoit
trovei qu'il avoit estei fais en l'Empire, ensi com il l'at oï dire.
Et dit encor que, quant werre at estei entre ces de Champ*engne*
et le conte de Bar, cil de Champ*engne* les pons fais sor le dit ru

de Bienme deffirent plusors fois la moitiei par devers aus, *et*
l'autre moitiei *par* desai de*ver*s Verdun lassoient entiere, por
ce q*ue* elle estoit de l'Empire. Et dit encor q*ue*, jai soit ce q*ue*
la dite ecglise de Beilleu *et* la terre de Beilleu qui est desai le dit
ru de Bienme de*ver*s Verdun soient de l'Empire, li rois de France
de novel at mis son sergent en l'ecglise de Beilleu, qui justice *et*
fait coumandem*ens* en la dite ecglise de Beilleu *et* en la terre par
desai le dit ru de Bienme, qui est de l'Empire. Et dit *par* son
sarem*ent* que de toutes les choses desor dites est-il *coumun*
renou*mee et coum*une voix en celles *par*ties *et* en leus prochiens,
et que ce qu'il en at dit se n'est ne por amor ne por hayne ne
por proffit qu'il ne altres en atende, mais que por loialtei *et*
veritei.

[2] Mes sires Wautiers de Fou [1], p*r*estez, de l'eage de lviij ans,
si com il dit, chapellains l'avesque de Toul *et* chapellains de
Hams [2], dit *par* son sarem*ent* ce que f*r*eres Jehans, tesmog*naiges*
desor noumeis, dit. Et dit encor qu'il fuit a Kambrai, ou li disi-
mes fuit mis en tout le royalme de France *et* li vintimes en l'Empire : cil de Beilleu *et* cil de Montfalcon ne paarent que le vintime,
por ce qu'il estoient *et* sont de l'Empire.

[3] Mes sires Eudes, ch*e*vali*er*s, de l'eage de lxx ans, sires de
Sorcey [3] en partie, tesmog*naiges* jureis *et* requis se li rois de
France *et* ses gens entrent *et* sont entrei en *par*ties dou roialme
d'Alemengne *et* en l'Empire, dit *par* son sairement : Oïl ; requis
en queilz p*ar*ties, dit : A Montfalcon *et* en p*ar*ties de Montfalcon ; *et* dit qu'il vit que li roy de France, *par* ealz ne *par* altres
en lor nom, ne justisoiet au dit leu de Montfalcon ne as *par*ties
par desai entre Montfalcon *et* Verdun, ne riens n'i avoient qu'il
eust oï dire ne veu, ains vit que Monffalcons estoit justicie *par*
celz de l'Empire, fors puis la compaingnie que li rois de France
et li chenoi*n*ne de Montfalcon firent ensemble, la quei*lz* compaingnie *par* droit en debatant est alee a niant en la court le roy
de France. Requis se en altres p*ar*ties il est entreis ne entr*e*, dit
que oïl. Requis en queilz p*ar*ties, dit que en l'abbaie de B*ei*lleu,
en la t*er*re *et* ens appendises *par* desai le ru de Byeme dev*er*s
Verdun. Requis coum*ent* il le seit q*ue* la dite abbaie de Beilleu,

1. Foug, Meurthe-et-Moselle, arr. Toul, cant. Toul-Nord.
2. Hans, Marne, arr. et cant. Sainte-Menehould ?
3. Sorcy, Meuse, arr. Commercy, cant. Void.

li terre *et* les appendises desor dites soient dou roialme d'Alemengne *et* de l'Empire, dit, par ce que li dis rus de Byeme depart
le roialme de France *et* le roialme d'Alemengne *et* l'Empire, ensi
com li dis rus se porte, *et* est li roialmes d'Alemengne et l'Empires *par* desai le dit ru de Byeme dev*ers* Verdun, *et* li roialmes
de France p*ar* delai le dit ru ; ensi l'at–il tous jours oï dire *et*
ap*ris* de ses devantriens. Et dit encor qu'il at veu user de son
temps *et* at cï dire de ses devantriens que, se aucuns homs ou
borgois qui estoit demorans desai le ru de Byeme dev*ers* Verdun
alat demorer oultre le dit ru en Champ*engne* ou roialme de
France, il faisoit signor de cui qu'il voloit, mais cil qui ensi s'en
aloit p*er*doit moble *et* he*ri*taige qu'il avoit au leu dont il estoit
p*ar*tis ; *et* en teil maniere at–on usei de ces qui venoient de p*ar*
delai le d*it* ru de Byeme demorer p*ar* desai le dit ru de Byeme
dev*ers* Verdun ; *et* est por la raison de ce qu'il aloient dou
roialme d'Alemengne *et* de l'Empire ou roialme de France *et* en
Champ*engne et* dou roialme de France *et* de Champ*engne* ou
roialme d'Alemengne *et* en l'Empire, en passant le dit ru. *Et* dit
qu*e* ces choses sont notoires en p*ar*ties desor dites, *et* co*m*mune
renoumee en est. *Et* dit encor p*ar* son sarement qu*e* l[i] d[ict]e
abbaie de Beilleu siet p*ar* desai le dit ru de Byeime dev*ers* Verdun,
et qu'il l'at veu, de tant de temps com sovenir li puet, le conte de
Bar deffendre contre ces de Champ*engne et* fermer contre ces de
Champ*engne et* deffendre coume wardains, *et* ce tient-il de l'avesque
de Verdun, *et* l'avesque de Verdun dou roy d'Alemengne. Requis
coume*nt* il le seit, dit, par ce qu*e* li evesque de Verdun prennent
lor regale dou roy d'Alemengne, *et* ensi l'at–il tous jours oï dire,
et coumune renoumee en est en p*ar*ties desor dites. Et dit encor
p*ar* son sarement que il ne vit ne oït dire de tout son temps que
cil de Champ*engne* ne li rois de France justissassent ne feïssent
sergenteir a Biaulleu ne as villes ne as appendises de la dite
abbaie qui sont desai le dit ru de Byeme dev*ers* Verdun, fors que
puis trois ans en ensai, que li rois de France at mis sa main *et*
ses wardes a la dite abbaie de Beilleu p*ar* sa volentei *et* encor
les i tient. Et dit encor p*ar* son sarement que se li rois de France
faisoit aucun cou*m*andeme*nt* en *roialme de France*, cil qui demoroient p*ar* desai le dit ru de Byeme dev*ers* Verdun n'obeïrent
onques as dis coumandeme*ns*, ne requis ne contraint n'en furent
ne mis a raison, ains ont fait le contraire, sens debat, *et* fait
contre les dis cou*m*andeme*ns*, por raison de ce qu'il se tenoient

et tiennont dou roialme *et* de l'empire d'Alemengne *et* tous jours
s'en sont tenu. Et dit par son sare[ment que] de toutes les choses
desor dites est-il coumune renoumee *et* coumunne voix en celles
parties *et* en leus proch[iens, et que ce qu'il en ait] dit se n'est
ne por amor ne por hayne ne por profist qu'il ne altres en attende,
mais que por loialtei *et* veritei.

[4] Mes sires Phelippes, che*valiers*, de l'eage de l ans, sires de
Sorcei en partie, tesmog*naiges* jureiz *et* requis sor les choses
desor [dictes, dit par] son sarement ce meeme que mes si*res* Eudes
desor dis at dit, *et* concordat a lui dou tout.

[5] Mes sires Giles de Lomchamp[1], che*valiers*, de l'eage de
lv ans, tesmog*naiges* jureiz *et* requis sor les choses desor dites,
dit *par* son sarem*ent* ce meeme que mes sires Eudes de Sorcei
desor dis at dit, *et* concordat a lui dou tout.

[6] Mes sires Hues Boudes, che*valiers*, de l'eaige de l ans,
tesmog*naiges* jurez *et* requis sor les choses desor dites, dit p*ar*
son sarem*ent* ce meime *que* mes sires Eudes de Sorcei desor dis
at dit, *et* concordat a lui dou tout.

[7] Mes sires Jehans de Mereival[2], che*valiers*, de l'eage de
lx ans, tesmog*naiges* jureis *et* re[quis sur les] choses desor dites,
dit p*ar* son sarement ce meimes q*ue* mes sires Eudes de Sorcei
desor dis at dit, *et* concordat dou tout a l[ui].

[8] Mes sires Jaiques, sir*es* de Rampont[3], che*valiers*, de l'eage
de lx ans, tesmog*naiges* jureis *et* [requis so]r les choses desor
dites, dit p*ar* son sarem*ent* ce meimes *que* mes sires Eudes de
Sorcei desor dis at dit, *et* concordat dou tout a lui.

[9] Mes sires Thierris, che*valiers*, sires de Nueville[4], tesmo-
g*naiges* jureis *et* requis sor les choses desor dites, dit par son
sarem*ent* ce meimes q*ue* mes sires Eudes de Sorcei desor dis at
dit, *et* concordat dou tout a lui.

[10] F*r*eres Rogiers, abbes de la Chaillaide[5], de l'ordre de
Citialz, p*r*estes, de l'eage de lxv ans, tesmog*naiges* jureis,

1. Longchamps, arr. Commercy, cant. Pierrefitte.
2. Merauvaux, arr. Verdun, cant. Fresnes-en-Woëvre, comm. Villers-sous-
Bonchamp ?
3. Rampont, arr. Verdun, cant. Souilly.
4. Neuville-en-Verdunois, arr. Commercy, cant. Pierrefitte ; Neuville-sur-
Ornain, arr. Bar-le-Duc, cant. Revigny ; ou Neuville, arr. Verdun, cant. Charny,
comm. Champneuville ?
5. Lachalade, arr. Verdun, cant. Varennes-en-Argonne.

3

requis par son sarement se li rois de France et sui sergent entrent
ne sont entrei de noveil en l'empire d'Alemengne, dit par son
sarement : Oïl. Requis en queilz parties de l'Empire, il dit : A
Montfalcon. Requis coument il seit que Montfalcons soit de l'Empire, il dit que, ansois que li chapistres de Montfalcon feist compaingnie au roy de France, li rois de France n'avoit riens a
Montfalcon, ne n'i avoit sergentei ne justiciei par lui ne par
aultrui. Et dit par son sarement, dou disime qui at estei paiés ou
roialme de France et dou vintinme qui at estei paiés en l'Empire,
c'est asavoir a Beilleu et a Montfalcon, qui ont paiei le vintinme,
por la raison de ce qu'il estoient et sont de l'Empire, ce que freres
Jehans de Deu-en-Sovengne, premiers tesmognaiges, en at dit ;
et dit que ensi l'at-il oï dire. Requis se li rois de France entre
en l'Empire en altres parties que a Montfalcon, il dit : Oïl, a
Biaulleu-en-Argonne. Requis coument il seit que Biaulleus soit
de l'Empire, il dit, par ce que Biaulleus siet par desai le ru de
Byeme devers Verdun, li queilz rus depart le roialme de l'Empire ; et en dit ce que freres Jehans, premiers tesmognaiges, en
at dit, fors que tant que li estaul qui ont estei tenu sor celui ru
ont estei tenu entre ces de la contei de Bar et ces de la contei de
Champengne, la queilz conteis de Bar, en tant com elle est par
desai le dit ru de Bieme, est de l'Empire : et ensi l'at-il tous jours
oï dire. De toutes altres choses s'acorde-il a frere Jehan, premier tes[moingnaige dessus dit]. Et dit que quant li cuens de
Bar fermat la dite ecglise de Beilleu contre ces de Champengne,
ensi comme il l'at oï [dire, ce fut por] deffendre sa terre, qu'il
tient de l'avesque de Verdun, qui siet par desai le dit ru devers
Verdun. Dou [fait de l'evesque] Guillaume de Mes ne seit-il riens.
Et dit que li abbaie de la Challaide si at bois et altres terre par
delai celui ru de Byeme en parties de Champengne et i ont pris
sovent li moinne de la Challaide pennies, por meffais que on lor
avoit fait, et amennoient celle pennie aucune fois a la Challaide,
qui est par desai le dit ru de Byeme devers Verdun en parties
de l'Empire : li sergent de Champengne lor ont tous jours deffendu
et deffendent que il teilz pennies, prises oultre le dit ru de Byeme
en Champengne, ne menessent a la Challaide ne en altres parties par desai le dit ru de Bieme devers Verdun, por ce que les
parties par desai le dit ru de Byeme devers Verdun sont de
l'Empire. Et dit par son sarement que de toutes les choses desor
dites est-il coumune renoumee et coumune voix en celles par-

ties *et* en leus prochiens, *et que* ce qu'il en at dit se n'est ne por
amor ne por hayne ne por profist qu'il ne altres en attende, mais
que por loialtei *et* ver̃itei.

[11] Dans Jaiques, *prestes*, de l'eage de 1 ans, de celle meime
abbaie, tesmog*naiges* jureis, requis *par son* sarem*ent*, s'acorde
en toutes choses a fr̃ere Rogier, son abbei, desor dit.

[12] Dans Martins, *prestez*, de l'eage de xlv ans, de celle
meime abbaie, tesmog*naiges* jureis, requis *par son* sarem*ent*,
s'acorde en totes choses a fr̃ere Rogier, son abbei, desor dit.

[13] Dans Jehans de Roie, *prestez*, d₀ l'eage de lv ans, de celle
meimes abbaie, tesmog*naiges* jureiz, requis p*ar* son sarem*ent*,
s'acorde en toutes choses a fr̃ere Rogier, son abbei, desor dit.

[14] D̃ans Esteves de Bar̃, *prestes*, de l'eage de lx ans, de celle
meimes abbaie, tesmog*naiges* jureis, requis *par son* sarem*ent*,
s'acorde en toutes choses a fr̃ere Rogier, son abbei, desor dit.

[15] Miles, escuiers, voez de Menoncort[1] en la terre de
Biaulleu *et* homs l'abbei de Beilleu, tesmog*naiges* jurez, requis
par son sarem*ent* se li rois de France p*ar* lui ne par ses gens
entre ne at entrei en l'Empire, dit : Oïl. Requis coum*ent* il le
seit, il dit qu'il ne vit onques ne oït dire que rois de France
entrast ne envoiat por sergenter *par* desai le ru de Byeime dev*er*s
Verdun, fors puis dous ans en ensai, que li rois de France at
envoiei ses gens en l'abbaie de Biaulleu *et* en la terre de Biaulleu
qui est desai le dit ru de Bieme dev*er*s Verdun, qui justicent en
la dite abbaie *et* en la dite terre *et* font coumandem*ens*. *Et* dit
qu'il at veu sovent deffendre de p*ar* le conte de Bar la dite abbaie
de Biaulleu *et* la terre qui est *par* desai le dit ru dev*er*s Verdun
encontre ces de Champ*engne*, *et* dit qu'il vit le dit conte de Bar
fermer Biaulleu contre ces de Champ*engne* *et* tenir ses gens
leans en deffend̃ant la dite abbaie de Biaulleu *contre* ces de Cham-
p*engne*. *Et* dit *que* celle ecglise de Biaulleu, qui fuit fermee de
pelis p*ar* les gens de l'Empire *contre* ces de Champ*engne*, li rois
de France, sir*es* de Champ*engne*, fait orendroit fermer de pierre
contre ces de l'Empire *et* fait ovrer *et* faire aparel por faire iiij
tours. *Et* dit encor *que par* delai le dit ru de Byeme ou roialme
de France la *coustume* est teile, que cil qui occist home est en la
main le signor, cors *et* avoirs, *et* n'en demande-on riens les
amis, et par desai le dit ru de Byeme dev*er*s Verdun en l'Em-

1. Menoncourt, arr. Bar-le-Duc, cant. et comm. Triaucourt.

pire qui occist home il est quites au signor parmi certainne
soume d'argent et at la werre as amis. Et dit que, de tous coumandemens qui sont fait et qu'il at veu faire ou roialme de France
et oï dire que on at fait, il ne furent onques tenu par desai le dit
ru de Byeme devers Verdun ne n'i obeïst-on onques, por ce
qu'il sont et estoient de l'Empire, si comme des deffenses qui ont
estei faites en France des chevaliers qui n'alassent mie as tornois et d'altres deffenses asseis. Et dit encor que cil dou roialme
par delai Bieme ne soffrirent onques ne volrent soffrir que gaige
qui fuissent pris ou roialme de France par delai le dit ru de
Byeme fuissent aportei par desai le dit ru devers Verdun en
l'Empire ; et autreteil, des waiges qui ont estei pris par desai le
dit ru devers Verdun, on n'at mie soffert qu'il aient estei portei
par delai le dit ru ou roialme de France. De ces qui perdent lor
remenances en passant le dit ru por ce qu'il vont de l'Empire ou
roialme de France et dou roialme de France en l'Empire, dit-il ce
que mes sires Eudes de Sorcei, chevaliers, tesmognaiges desor
dis, en at dit. Et dit par son sarement que de toutes les choses
desor dites est-il coumune renoumee en icelles parties, et ce
qu'il en at dit il at dit il l'at dit (sic) por pure veritei tant solement.

[16] Estevenins, sires de Coumenieres[1], escuiers, tesmognaiges jureis, requis par son sarement, s'acorde en toutes
choses a Milet, voey de Menoncort, tesmognaiye desor dit.

[17] Hussons, sires de Marre[2], escuiers, tesmognaiges jureis,
requis par son sarement, s'acorde en toutes choses a Milet, voey
de Menoncort, tesmognaige desor dit.

[18] Symonnins de Mogneiville[3], escuiers, tesmognaiges
jureis, requis par son sarement, s'acorde en toutes choses a
[Milet, voey de Menoncourt], tesmognaige desor dit ; et dit, plus,
que il at plusors fois veu l'abbei de Biaulleu ajorner a l'instances
de diverses gen[s ad essises a] Saint-Mihiel[4], qui est molt avant
en l'Empire, de par le conte de Bar, et pladoier devant le dit
conte.

[19] Jacoumins d'Avoucourt[5], escuiers, tesmognaiges jureis,

1. Cumières, arr. Verdun, cant. Charny.
2. Marre, arr. Verdun, can. Charny.
3. Mognéville, arr. Bar-le-Duc, cant. Revigny.
4. Saint-Mihiel, arr. Commercy, ch.-l. de canton.
5. Avocourt, arr. Verdun, cant. Varennes-en-Argonne.

requis *par* son sare*ment*, s'acorde en toutes choses a Milet, voe[y
de Menoncourt], *et* a Symonnin de Mogneiville, tesmog*naiges*
desor dis.

[20] Jacoumès, fllz l'Ermite, de Sathenay [1], escuiers, tesmo-
gnaiges, requis *par* son sare*ment*, s'acorde en toutes choses a
Milet, voei de Menoncort, *et* a Symonnin de Mogneiville, tesmog*naiges* desor dis.

[21] F*reres* Herbers, abbes de Saint-Poul de Verdun, *pr*estes,
de l'ordre de Preimoust[re]i, de l'eage de l ans, tesmog*naiges*
jureis, requis *par* son sare*ment*, dit qu'il croit que li roys Phe-
lipes, peires a cestu roy de France, fuit li *pr*emiers rois
de France qui se entremit de garder gene*ralm*ent *et* espe-
cialm*ent* la terre de l'abbaie d[e Montfaulcon [2]], se il ne fuit
Impereires *et* roys de France. I*tem*, que ce q*ue* li cuens
de Bar tient a la dite abbaie de Montfalcon, [il le d]oit
[t]enir en fiez *et* en homaige de l'avesque de Verdun, *et* Clermont [3] *et* la chastellerie ausi, *et* li evesques de Verd*un* les [d]oi[t]
tenir en fiei *et* en homaige dou roy d'Alemengne *et* de l'Emperour.
I*tem* dit que li *pr*evos de Monfalcon doit tenir ses temporaliteis
de l'aveschiei de Verdun *et* li at veu faire homaige a l'evesque ou
au chapistre de Verdun, *et* l'avesque requerre a lui que il denou-
mast son fiei, *et* il dit qu'il en tenoit la tour de Montfalcon ; requis
se il en tenoit plus, il dit qu'il s'en aviserat. I*tem* dit que li droit
estaul entre l'avesque de Verdun *et* le conte de Champ*engne*,
entre la citei de Verdun *et* le dit conte de Champ*engne*, entre la
chastellerie de Clermont *et* le dit conte de Champ*engne*, sont au
pont Verdenois deleis la Challaide. I*tem* dit que li roys de France
qui maintenant est est li *pr*emiers roys de France qui se soit entremis de garder gene*ralm*ent ne especialment l'abbaie de Biaulleu-en-Argonne. I*tem* dit que li peires cestui roy *et* cist roys de
France sont li *pr*emier roy de France qui se sont entremis de
faire sergenter en la terre de l'abbaie de Montfalcon ne en la terre
de l'abbaie de Biaulleu ne en la terre de l'aveschiei de Ve*r*dun,
se il ne furent roy de France et Imperor. I*tem* dit que li evesques
de Verdun doit tenir en fiei *et* en homaige dou roy d'Alemengne
et de l'Emperor la citei de Verdun *et* la terre de l'aveschiei de

---

1. Stenay, arr. Montmédy, ch.-l. de canton.
2. Le cartulaire de Bar porte : *la terre de Belleu de Montfaulcon.*
3. Clermont-en-Argonne, arr. Verdun, ch.-l. de canton.

Verdun, et at veu que la justice temporelz ne li fiei de l'aveschiei de Verdun ne les clers [1] de la dite citey ne ont estei delivrei as evesques qui ont estei de son temps, c'est-a-dire a trois evesques trespasseis [2], tant qu'il horent moustrei au chapistre de Verdun et a la citei les lettres dou roy d'Alemengne de lor regales. Et ces choses desor dites ne dit-il que por loialtei et veritei.

[22] Mes sires Jehans de Ronne [3], chevaliers, tesmognaiges jureis, requis par son sarement, dit ce que mes sires Eudes de Sorcei, chevaliers, tesmognaiges devant noumeis, at dit, et s'acorde dou tout a lui. Et dit encor qu'il at veu plusors fois l'abbei de Biaulleu ajor[ner de par le] conte de Bar a Saint-Mihiel as assises a requeste de partie, li queilz ville de Saint-Mihiel est molt avant en l'Empire, et [les ait veu] et oï pladoier devant le dit conte et en sa cort et oï jugement por lui et contre lui. Dou r[u de Bienme qui] depart le roialme de France de l'Empire, des remenances que cil qui ont passei le dit ru on per[dues p]or ce qu'il aloient dou roialme de France en l'Empire et de l'Empire ou roialme de France, des coumandemens qui ont estei fait ou roialme de France qui ne furent onques tenu par desai le dit ru de Byeme devers Verdun por ce qu'il sont de l'Empire, et des sergens le roy de France qui de novel sont venu par desai le dit ru de Byeme devers Verdun por jostitier et por faire coumandemens, dit-il tout ce que mes sires Eudes de Sorcei, chevaliers, desor dis, ait dit. Et dit par son sarement que tout ce at-il veu et que de tout ce est-il coumune renoumee, et que les choses desor dites il ne dit ne por amor ne por hayne ne por profist qu'il ne altres en atende, mais que por loialtei et veritei.

[23] Baldoins de Noiers [4], escuiers, tesmognaiges jureis, requis par son sarement, s'acorde en toutes choses a mon signor Jehan de Ronne, chevalier, tesmognaige desor dit.

[24] Hues de Noiers, escuiers, tesmognaiges jureis, requis par son sarement, s'acorde en toutes choses a mon signor Jehan de Ronne, chevalier, tesmognaige desor dit.

[25] Willaumes de Beilrain [5], escuiers, tesmognaiges jureis,

---

1. Les clefs.
2. Ulric de Sarnay, 1271-1273 ; Gérard de Grandson, 1275-1278 ; Henri III de Grandson, 1278-1286.
3. Rosnes, arr. Bar-le-Duc, cant. Vavincourt.
4. Noyers, arr. Bar-le-Duc, cant. Vaubecourt.
5. Belrain, arr. Commercy, cant. Pierrefitte.

requis *par* son sare*ment*, s'acorde en toutes choses a mon signor Jehan de Ronne, cheva*lier*, tesmog*naige* desor dit.

[26] Savaris de Beilrain, escuiers, tesmog*naiges* jureis, requis *par* son sare*ment*, s'acorde en toutes choses a mon signor Jehan de Ronne, cheva*lier*, tesmog*naige* desor dit.

[27] Mes sires Gerars, cheva*liers*, sires de Louppei[1], tesmo-g*naiges* jureis, requis. *par* son sare*ment*, s'acorde en toutes choses a mon signor Jehan de Ronne, cheva*lier*, tesmog*naige* desor dit.

[28] Mes sires Reniers, cheva*liers*, sires de Crewe[2], tesmo-g*naiges* jureis, requis *par* son sare*ment*, s'acorde en toutes choses a mon signor Jehan de Ronne, cheva*lier*, tesmog*naige* desor dit.

[29] Mes sires Phelippes, chastellains de Bar, cheva*lier*, tes-mog*naiges* jureis, requis *par* son sare*ment*, s'acorde en toutes choses a ce *que* mes sires Eudes de Sorcei, cheva*liers*, tesmo-g*naiges* desor dit, a dit.

[30] Mes sires Orris de Champlon[3], cheva*liers*, tesmog*naiges* jureis, requis *par* son sare*ment*, s'acorde en toutes choses a mon signor Jehan de Ronne, cheva*lier*, tesmog*naige* desor dit. *Et* dit encor qu'il at estei *pr*esens plusors fois sus le ru de Byeme as estaus ou *par* juge*ment* cil qui avoient passei le dit ru de Bieme ont *per*du lor remenances, por ce que li dis rus depart le royalme de France de l'Empire, *et* en passant celui ru il aloient dou roialme de France en l'Empire *et* de l'Empire ou roialme de France.

[31] Mes si*res* Ralz de Hannonville[4], cheva*liers*, de l'eage de lxx ans, tesmog*naiges* jureis, requis *par* son sare*ment*, s'acorde en toutes choses a mon signor Orri de Champlon, cheva*lier*, tes-mog*naige* desor dit. *Et* dit encor *par* son sare*ment* que onques ce ne fuit fait, *que* il sache ne il l'oïst dire, que li rois de France passassent le dit ru de Byeme en justisant ne *que* il feissent ser-genter ne justicier, fors q*ue* de novel : *et* ce que li dis rois de France en fait *et* fait faire, il le fait par sa volentei *et* par sa force.

1. Louppy-le-Château, arr. Bar-le-Duc, cant. Vaubecourt.
2. Crêue, arr. Commercy, cant. Vigneulles-lez-Hattonchâtel.
3. Champlon, arr. Verdun, cant. Fresnes-en-Woëvre.
4. Hannonville, arr. Verdun, cant. Fresnes-en-Woëvre.

[32] Dagars de Danlouf[1], escuiers, tesmognaiges jureis, requis par son sarement, s'acorde en toutes choses a mon signor Orri de Champlon et a mon signor Raul de Hannonville, chevaliers, tesmognaiges desor dis.

[33] Hussons de Saint-Andreu[2], escuiers, tesmognaiges jureis, requis par son sarement, s'acorde en toutes choses a mon signor Orri de Champlon et a mon signor Raul de Hannonville, chevaliers, tesmognaiges desor dis.

[34] Mes sires Joffrois de Nueville[3], chevaliers, tesmognaiges jureis, requis par son sarement, s'acorde en toutes choses a mon signor Jehan de Ronne, chevalier, tesmognaige desor dit.

[35] Hazars de Sathenay[4], escuiers, tesmognaiges jureis, requis par son sarement, s'acorde en toutes choses a mon signor Jehan de Ronne, chevalier, tesmognaige desor dit.

[36] Ogiers de Donnevou[5], escuiers, tesmognaiges jureis, requis par son sarement, s'acorde en toutes choses a mon signor Jehan de Ronne, chevalier, tesmognaige desor dit.

[37] Mes sires Robers, chevaliers, sires de Watronville[6], tesmognaiges jureis, requis par son sarement, s'acorde a mon signor Jehan de Ronne, chevalier, tesmognaige desor dit. Et dit encor qu'il at estei plusors fois a Saint-Mihiel, qui est bien avant en l'Empire oltre la Mueze par devers Alemengne, ou cil de Biaulleu, ajornei par devant le conte de Bar as assises, pladioent par devant le dit conte en demandant a altrui et en aus deffendent.

1. Damloup, arr. Verdun, cant. Étain.
2. Saint-André, arr. Verdun, cant. Souilly.
3. Voy. ci-dessus, § 9, note 4.
4. Stenay, arr. Montmédy, ch.-l. de canton. Le 1er septembre 1280, une sentence arbitrale fut rendue entre l'abbé du monastère bénédictin de Bucilly (Aisne, arr. Vervins, cant. Hirson) et « Jehan dit Hasart de Sethenay, escuier, » avoué du même monastère, au sujet de leurs droits respec..... sur la ville et le territoire de Bucilly. Dans deux autres actes relatifs à cette affaire, du 25 novembre 1278 et du 1er septembre 1280, le même personnage est appelé simplement « Hasars de Sethenay » ou « de Setenay », sans indication du nom de Jean. (Cartulaire de Bucilly, Bibl. nat., ms. lat. 10121, f° 45 v°, 87 r° et v°.)
5. Dannevoux, arr. Montmédy, cant. Montfaucon-d'Argonne. Une belle pierre tombale, du xiii° s., à ce qu'il semble, conservée aujourd'hui dans l'église de Lachalade, porte gravée en creux la figure d'un chevalier, en haubert, avec cette inscription : CIGIST · MESIRE · OGIERS : CHL'RS : SIRES · DE DONEUOU · PROIEZ · POR LUI.
6. Watronville, arr. Verdun, cant. Fresnes-en-Woëvre.

[38] Erars de Betoncort[1], escuiers, tesmog*naiges* jureis, requis *par* son sare*m*ent, s'acorde en *toutes choses* a *mon signor* Robert de Wantronville, che*valier*, tesmog*naige* desor dit.

[39] Willaumes, dis li Moi*n*nes, de Villers[2], escuiers, tesmo*gnaiges* jureis, requis *par* son sare*m*ent, s'acorde en *toutes choses* a *mon signor* Robert de Wantronville, che*valier*, tesmo*gnaige* desor dit.

[40] *Freres* Pierres, *priours* de Beilchamp[3], *prestes*, de l'ordre dou Vaul-des-Escoliers, tesmog*naiges* jureis, requis *par* son sare*m*ent, dit que Biaulleus est de l'Empire, *et* i at veu de noveil les serge*n*s le roy de France justicier *et* faire coumande*m*e*n*s. *Et* dit que li rus de Byeme depart le roialme de France de l'Empire, si com il at *tous jours* oï dire *et* *tous jours* at estei li comune renoumee dou pais. *Et* dit encor que cil de desai le dit ru de Byeme *par* dev*er*s Verdun peichent ou dit ru de Byeme en la moitiei *par* devers aus, por ce qu'il sont de l'Empire, *et* cil de *par* delai le dit ru peichent en l'autre moitiei *par* dev*er*s aus, por ce qu'il sont dou royalme de France. *Et* dit de Montfalcon *par* son sare*m*ent ce que *freres* Jehans de Deu-en-Souvengne, *premiers* tesmog*naiges*, en at dit, ensi com il l'at oï dire.

[41] *Freres* Richars, *prestes*, moines de celui meimes leu *et* de celui o*r*dre, tesmog*naiges* jureis, requis *par* son sare*m*ent, s'acorde dou tout en *toutes choses* a *frere* Pierre, *priour* de Beilchamp, tesmog*naige* dessus dit. *Et* dit qu'il at veu les serge*n*s le roy de France de noveil sergenter *par* desai Beilleu dev*er*s Verdun *et* faire coumande*m*e*n*s.

[42] *Freres* Jehans, *prestes*, moi*n*nes de celui meimes leu *et* de celui ordre, tesmog*naiges* jureis, requis *par* son sare*m*ent, s'acorde en *toutes choses* a *frere* Pierre, *priour* de Beilchamp, tesmog*naige* desor dit. *Et* dit qu'il at veu l'abbei de Biaulleu as assises a Saint-Mihiel ajornei *par* devant le *conte* de Bar *et* pla-doier *par* devant lui.

[43] *Freres* Ogiers, *prestes*, moi*n*nes de celui meimes leu *et* de celui ordre, tesmog*naiges* jureis, requis *par* son sare*m*ent, s'acorde en *toutes choses* a *frere* Pierre, *priour* de Beilchamp, tesmog*naige* desor dit.

1. Béthincourt, arr. Verdun, cant. Charny.
2. Villers-les-Moines, arr. Verdun, cant. et comm. Charny ?
3. *Prieuré de l'ordre du Val-des-Écoliers, aujourd'hui* Beauchamp, arr. Verdun, ·cant. et comm. Clermont-en-Argonne.

[44] Richars li Grenetiers, citains de Verdun et doiens de
Verdun, tesmognaiges jureis, requis par son sarement, dit
que li citeis de Verdun ne li citain de Verdun ne sont de riens
sougist au roy de France, ne onques ne furent, ne onques ne
obeïrent a lui ne a ses devantriens, ains ont tous jours obeï et
doient obeïr a l'avesque de Verdun et a l'Empereor ou au roy
d'Alemengne, des queilz li evesque de Verdun ont tous jours
repris et doient repenre lor temporalitei toute. Et bien li sou-
vient que, por aucuns bestens qu'il ont eu aucune fois, il ont
envoiei a secours a l'Empereror (sic) et au roi d'Alemengne, et
envoiat li rois d'Alemengne ses lettres au duc de Lorraine por
aus deffendre. Et dit qu'il ont tous jors eu estalz a ces de Champengne sor le ru de Byeme, qui depart le roialme de France de
l'Empire, ensi com il tous jours ont usei et oï dire. Et dit que li
rois de France puis dous ans en ensai at envoiei ses gens par
desai le dit ru devers Verdun por sergenter et por faire coumandemens, especialment sergens qu'il at envoiei por deffendre que
on ne mengne lainnes dou roialme en l'Empire, et sont venu icil
sergent jusques a Verdun a trois lewes, a dous, a demi lewe, et
pris lainnes et arestees. Et dit que li baillis de Chaumont, sergens le roy de France, at estei a Verdun dous fois por faire ses
enquestes, et at mandei li rois de France as citains de Verdun
que il delivrassent j lor citain au bailli de Chaumont por justicier
et por pugnir. Et dit par son sarement que li rois de France les
grieve en faisant les choses desor dites et qu'il ne puet ne ne doit
faire les choses desor dites, si com il croit. Et dit encor que cil
de Biaulleu et cil de Montfalcon doient chascun an a la citei de
Verdun une certainne soume d'argent por paier les waites dou
chasteil de Verdun et refaire une partie des murs dou chasteil
de Verdun, et parmi ce il pueent devenir borgois de Verdun
quant il lor plait. Et dit encor qu'il ne vit onques ne oït dire que
li rois de France envoiassent sergenter ne justissassent a Montfalcon, fors que puis la compaingnie que il firent au roy de
France, ne a Biaulleu, ausi fors que puis dous ans en ensai. Et
dit par son sarement que ce qu'il dit il le dit por veritei tant
solement.

[45] Pierre Benite, citains de Verdun, et tuit li altre citain de
Verdun ci-après dit, tesmognaige jurei et requis par lor sare-
ment chascuns par lui, s'acordent dou tout en tout a Rechart
Grenetier, tesmognaige desor dit ; c'est asavoir : Gosses de

Saus, Goilars d'Estain, Jaques li Bues, Richiers de Mes, Joffrois Heiceles, Wauteres Pogues, Perrignons Arnolz, Jaques li Hungreis, Jacoumins Chines, Guios de Neuillei, Jehans Chapons, Jenessons Migaus, Jaiques li Bergiers, Nicoles Baudesons, Henriès d'Arnaiville, Nicoles Galians, Jacoumès Aubrions, Erars dou Mont-Saint-Venne.

[46] Mes sires Witiers de Vignueles [1], chevaliers, en l'eaige de lx ans, tesmognaiges jureis, requis par son sarement, s'acorde en toutes choses a mon signor Eudon de Sorcei, chevalier, tesmognaige desor dit.

[47] Freres Dominikes, priours des freres precheors de Verdun, de l'eage de l ans, tesmognaiges jureis, requis par son sarement, dit que il ne vit onques ne oït dire que li roy de France, par aus ne par les lor, entrassent onques en l'abbaie de Biaulleu ne en la terre de la dite abbaie qui est par desai le ru de Byeme devers Verdun, fors que de noveil temps. Et dit que la dite abbaie et la terre qui est par desai le dit ru de Bieme devers Verdun sont de l'Empire, si com il le croit fermement et l'at tous jours oï dire, et dit que de ce est-il coumune renoumee. Et dit encor que [quant on ait mis] le disime ou roialme de France et le vintinme en l'Empire, li abbaie de Biaulleu et li ecglise de Montfalcon ont [paié le vinteinme] et n'ont mie paiei le disime, por ce qu'il estoient et sont de l'Empire, ensi com il l'at tous jours oï dire, et de ce esi-[il coumune renommee]. Et dit encor qu'il at estei aucune fois presens avec le conte de Bar sus le ru de Byeime au pont c'om dit [Verdenois, li quels] rus de Byeme, ensi com on dit de tous jours et ensi com il l'at oï dire, est boune a la queile cil qui sont dou roialme de France et cil qui sont de l'Empire suelent venir pladoier, au queil pont sor le dit ru il at veu les gens le dit conte de Bar et les gens de la contei de Champengne qui pladooient entre aus des entreprises qui avoient estei faites d'une part et d'altre. Et dit encor qu'il at estei presens ou l'abbes de Biaulleu et aucun moinne de la dite abbaie avec lui firent amende au conte de Bar sor ce que, a une journee a la queile il furent devant le dit conte a Saint-Mihiel, il refusarent a penre droit en la court le dit conte et devant lui. Et dit encor qu'il n'oïst onques dire ne ne vit ne ne croit que li sergent le roy de France venissent par desai le dit ru de Byeme vers Verdun sergenter ne

1. Vigneulles-lez-Hattonchâtel, arr. Commercy, ch.-l. de canton.

justicier, fors que de novel. *Et* dit par son sarement que de ce
est-il *cou*mune renoumee *et* que ce qu'il en dit il dist por loialtei
et por veritei.

[48] Mes sires Nicoles Verdeneis, prestes, seellerres de la court
le prevost de la Magd*eleine* de Verdun, tesmog*naiges* jureis,
requis par son sarement, dit que, toutes les fois que on at paiei
deisime ou altre soume d'argent, cil de Biaulleu, li cors de l'abbaie *et* li terre qui sont de l'aveschiei de Verdun ont tous jours
paiei a Verdun *et* por la raison de l'Empire, *et* dit que il meeimes
en at estei plusors fois receverres. *Et* dit encor que en celle
maniere at paiei a Verdun por raison de l'Empire li terre de
Montfalcon qui est en l'aveschiei de Verdun. *Et* ce dit-il por
loialtei *et* por veritei.

[49] Mes sires Nicoles de Clostre, prestes, de l'eaige de lx ans,
tesmog*naiges* jureis, requis par son sarement, s'acorde en toutes
choses a mon signor Nicole Verdeneil, tesmog*naige* desor dit.

[50] Mes sires Hues Bekars de Marzei[1], chev*aliers*, tesmo-
gn*aiges* jureis, requis par son sarement, dit que cil qui ont
passei le ru de Byeme ont perdu lor remenances, por ce que on
disoit *cou*munement que il aloient dou roialme de France en
l'Empire *et* de l'Empire ou roialme de France en passant le dit
ru. *Et* dit que cil qui sont par desai le dit ru devers Verdun
n'obeïrent onques a *cou*mandement que on feist ou roialme de
France, ains ont tous jours usei *et* fait le contraire pasiblement.
Et dit que onques il ne vit ne oït dire que sergent le roy de
France venissent sergenter ne faire *cou*mandement par desai le
dit ru de Byeme devers Verdun, fors que novellement. *Et* dit
que de ce est-il *cou*mune renoumee, *et* que [ce] qu'il en dit il dit
por loialtei *et* por veritei.

[51] Mes sires Jaiques li Periers, chevaliers, tesmog*naiges*
jureis, requis par son sarement, s'acorde en toutes choses a mon
signor Hue Bekart de Marzei, chevalier, tesmog*naige* desor dit.

[52] Mes sires Nicoles de Comenieres[2], chev*aliers*, tesmo-
gn*aiges* jureis, requis par son sarement, s'acorde en toutes
chose (sic) a mon signor Hue Bekart de Marzei, chevalier, tesmog*naige* desor dit.

1. Maizey, arr. Commercy, cant. Saint-Mihiel.
2. Cumières, arr. Verdun, cant. Charny.

[53] Mes sires Albers d'Orne [1], chevaliers, tesmognaiges jureis, requis par son sarement, s'acorde en toutes choses a mon signor Hue Bekart de Marzei, chevalier, tesmognaige desor dit.

[54] Mes sires Richiers, prevos de la Magdeleine de Verdun, prestes, tesmognaiges jureis, requis par son sarement, s'acorde en toutes choses a mon signor Nicole Verdeneil, tesmognaige desor dit. Et dit encor qu'il at estei a Biaulleu et veu que li moinne de Biaulleu rendirent les cleirs [2] de l'abbaie de Biaulleu a l'avesque de Verdun. Et dit par son sarement que il ne vit onques ne oït dire que li rois de France envoiat justicier ne sergenter en ces parties si près de Verdun com il fait hores. Et dit par son sarement que de ce est-il comune renoumee.

[55] Li archediacres Renars, archediacres en l'Ecglise de Verdun, tesmognaiges jureis, requis par son sarement, s'acorde en toutes choses au prevost de la Magdeleine, tesmognaige desor dit.

[56] Mes sires Jaiques de Bormont, chenoinnes de Verdun, prestes, tesmognaiges jureis, requis par son sarement, s'acorde en toutes choses au prevost de la Magdeleine, tesmognaige desor dit. Et dit encor que il vit que cil de Montfalcon delivrarent les clers [3] de la tour de Montfalcon a l'avesque de Verdun. Et at veu que au concile qui fuit assembleis a Wirceborc de par le legat d'Alemengne, ou tuit li prelat de l'Empire furent mandei, li abbes de Belleu i envoiat por lui, por ce qu'il estoit et est de l'Empire. Et dit par son sarement que de ce est-il comune renoumee, et que ce dist-il por veritei tansoloment.

[57] Mes sires Thomas de Saint-Mihiel, prestes, chenoinnes de Verdun, tesmognaiges jureis, requis par son sarement, s'acorde en totes choses a mon signor Jaique de Bormont, chenoinne de Verdun, tesmognaige desor dit.

[58] Mes sires Hues, prestez, de l'eaige de xl ans, cureis d'Arembeicort [4], tesmognaiges jureis, requis par son sarement se onques il oït dire ne vit que rois de France eust ses wardes en l'abbaie de Beilleu ne feist warder ne sergenter en la terre de Beilleu, dit que onques mais ne l'oïst dire ne vit, mais at souvent oï dire que li abbaie estoit en la warde le conte de Bar, et at

1. Ornes, arr. Verdun, cant. Charny.
2 et 3. Les clefs.
4. Rembercourt-aux-Pots, arr. Bar-le-Duc, cant. Vaubecourt.

veu que li dis cuens de Bar deffendoit la dite abbaie *et* la terre de
l'abbaie contre ces de Champengne, *et* at veu l'abbei ajourner a
instance d'altrui en l'osteil le dit conte de Bar a Saint-Mihiel *et*
respondre *et* deffendre contre altrui as assises le dit conte de Bar
a Saint-Mihiel ; *et* at oï dire, *par* ces qui paiei l'ont, *que*, quant
on at mis disime ou vintinme en l'aveschiei de Verdun, cil de
Biaulleu l'ont paiei *et* paient, *et* procurations quant legalz at
estei envoiés en l'Empire. Des estalz *et* des remenances dit-il ce
que mes sir*es* Eudes de Sorcei, chevaliers, tesmog*naiges* desor
dis, at dit. Requis se il seit que li rois de France ait nulles segno-
ries a Montfalcon ne en la terre de Montfalcon, dit qu'il at oï
dire que onques nul roy de France, devant la compaingnie que
li chen*oinne* de Montfalcon firent au roy de France, le peire cestui
roy qui hore est, n'avoient eu segnorie ne coumande*ment* a la
dite Montfalcon ne en la terre de la dite Montfalcon, *et* at veu
qu'il n'i coumandoient ne sergentoient. *Et* dit que onques mais
il ne vit ne oït dire que rois de France envoiast en l'aveschiei de
Verdun por faire enqueste ne por sergenter ne por faire coumandem*ent*. *Et* de ce est-il coumune renoumee, *et* ce qu'il en dit il
le dit por loialtei *et* por veritei.

[59] Mes sires Nicoles, pr*estes* d'Auzeiville [1], de l'eaige de
lxiij ans, tesmog*naiges* jureis, requis *par* son sarem*ent*, s'acorde
en toutes choses a mon signor Huon, curei d'Arembeicort, preste,
tesmog*naige* dessus dit. *Et* dit encor qu'il at veu le pr*evost* de
Montfalcon repenre de trois evesques de Verdun la tour de Montfalcon, *et* at veu que li evesques de Verdun fist refaire l[a tour],
et l'argent en paait *et* fist paier li dis evesques; *et* de tout ce est-
il coumune renoumee, *etc.*

[60] Mes sir*es* Jehans de Bauzeis [2], chevaliers, de l'eaige de
lv ans, tesmog*naiges* jureis, requis *par* son sarement, s'acorde
en toutes choses a mon signor Eudon de Sorcei, chevalier, tesmog*naiges* dessus dit. Et dit encor que ses peires *et* il ont joï des
remenances de lor homes demorans desai le ru de Bieme dev*ers*
Verdun, quant il aloient demorer oultre le ru de Byeme en
Champengne.

[61] Mes sires Thiebaus, doiens de Bar, pr*estes*, de l'eaige
de xlvj ans, tesmog*naiges* jureis, requis par son sarem*ent* se li

1. Auzéville, arr. Verdun, cant. Clermont-en-Argonne.
2. Beauzée, arr. Bar-le-Duc, cant. Triaucourt.

rois de France entre ne est entreis en parties de l'Empire, dit
que oïl, si com il croit. Requis en queil leu, dit : A Montfalcon *et*
en *partie* de la terre de Montfalcon. *Et* dit que il ne vit onques
que roy de France, par aus ne *par* autrui en lor nom, entrassent
ne eussent segnorie a Montfalcon ne en *partie* de la terre de
Montfalcon, fors puis la compaingnie que li chen*oinne* de Montfalcon firent au peire cestui roy de France qui hores est, la queilz
compaingnie *par* droit en debatant est alee a niant en l'osteil le roy
de France. Requis se en altres *parties* il est entreis ne entre, dit
que oïl. Requis en queilz *parties*, dit que en l'abbaie de Biaulleu,
en la terre *et* ens appendises *par* desai le ru de Byeme dev*er*s
Verdun. Requit coum*ent* il le seit, dit, a ce que il ne vit onques
ne oït dire que rois de France ne altre de *par* lui justissassent
riens desai le ru de Byeme dev*er*s Verdun, fors que de trois ans
en ensai, *que* li roys de France at envoiei a Beilleu ses sergens
por sergenter, *et* a oï dire com*unement* que li dis rus de Byeme
depart le royalme de France de l'Empire. Et dit encor *par* son
sarem*ent* que l'abbaie de Beilleu siet *par* desai le ru de Byeme
dev*er*s Verdun *et* qu'il l'at veu, de tant de temps com sovenir li
puet, le conte de Bar deffendre contre ces de Champ*engne*, comme
wardain de la dite abbaie de Byaulleu *et* de la t*er*re de Biaulleu
desai le dit ru de Byeme dev*er*s Verdun ; *et* ce tient li cuens de
Bar de l'avesque de Verdun, si com il l'at oï recognoistre le dit
conte, *et* l'avesques de Verdun le tient dou roy d'Alemengne, si
com il l'at oï dire *et* ensi com il le croit. Et dit encor qu'il at seu
et entendu que li abbes *et* li covens de Byaulleu ensemble *et* li
abbei *par* aus ont estei ajornei as assises a Saint-Mih*iel*, qui est
uns chasteilz molt avant en l'Empire, *et* pladoier en l'osteil le
conte de Bar a la dite Saint-Mih*iel*, *et* ont pris droit d'autrui *et*
fait droit a aultrui *par* devant le dit conte *et par* devant ses gens
ou *par* devant son leu-tenant. Requis coum*ent* il le seit, il dit
qu'il i at estei pr*esens et* fait les aires[1] dou pladoier *et* des juge-
mens por aus *et* contre aus *et* escripst de sa proppre main, *et* en
garde encor plusors procurations que li dit abbei *et* couvens ont
envoiei por aus en la court le conte. Et dit encors qu'il at veu

1. Ce sont les pièces écrites de la procédure, appelées aussi en vieux français *erremens ;* voy. Du Cange, éd. Henschel, **ERRAMENTA***, et Beaumanoir, éd. Beu-gnot, t. I, p. 30. Le copiste du cartulaire de Bar a écrit *arrets* (arrêts), qui fausse le sens.

que l'abbes de Biaulleu por lui *et* por son couvent emendat au conte *et* donnat seurtei de l'amende au conte, de ce qu'il *et* li procuror de son couvent en avoient portei le droit de l'osteil le dit conte en pladoiant a la dite Saint-Mih*iel*. Et at encor entendu que, se aucuns demorans desai le dit ru de Byeme deve*rs* Verdun passoit le dit ru de Bieme por demorer delai le dit ru en Champ*engne*, il p*er*doit moble *et* heritaige qu'il avoit au leu dont il se p*ar*toit, *et* en semblant maniere cil qui se p*ar*toit de delai le dit ru, qui venoit demoreir desai le dit ru deve*rs* Verdun, perdoit moble *et* heritaige qu'il avoit par de*la* au leu dont il se p*ar*toit, p*or* ce q*u'*il aloient dou roialme de France *et* de Champ*engne* en l'Empire *et* de l'Empire ou roialme de France *et* de (*sic, lisez* en) Champ*engne*, en passa*nt* le dit ru. *Et* des choses dessus dites est-il coumune renoumee en celles p*ar*ties, *et* ce qu'il en dit dit-il por loialtei *et* por veritei.

[62] Heibers[1] dis Journeie, bourjois de Verdun, temog*nages* jur*eis* et req*uis* sor toutes ces chouses devant dite, a lui luies et diligentment expouseies, se concorde en toutes chouses et p*ar* toutes chouses a Richart lou Grenetier, bourjois de Verdun, temounage desour dit; ce ajoustei q*ue* il dit lui avoir veu q*ue* qua*nt* li p*re*vos deffaloit a Montfaucon et li p*re*voteis de Mont-faucon vagueive, li eveq*ue*s de V*er*dun, tant *com* sires souverains ains te*m*poreis chouses, envoat ses se*r*gens a Montfaucon, et demoroient en la mason le p*re*vot de Montfaucon, et wardoie*nt* et deffe*n*doient la ville et la p*re*votei de Mo*n*tfaucon toute, en non dou dit eveq*ue* de V*er*dun et pour lui, tant com pour signour souverain eins te*m*poreis chouses, dou q*ue*il eveq*ue* tuit li p*re*vot Mo*n*tfaucon et toute la p*re*votei tiene*nt* en fiel et en homage. Et c'est veu que li coins de Grant-Prei[2] une fa*ee* vint devant la ville de Mo*n*tfaucon aveuc grant gent e*t* asit la dite ville et destruit la tour de la dite ville, la queile li eveq*ue*s de V*er*dun, tant *com* sires souverains, fist refaire et edifieier de son argent. Req*uis*, li dis t*e*mounages q*ui* parolle, de q*ue*il aage qu'il soit, il dit q*u'*il est de l'age de lxx ans. Req*uis* ce p*ar* grace, p*ar* haine ou p*ar* pour, p*ar* proiere ou p*ar* louier il depouse ce, il dit q*ue* non, mais soulement pour la veritei dire et pour wardeir son sarment.

---

1. Les cinq paragraphes suivants sont écrits à part et d'une autre main (voy. ci-dessus, § V).

2. Grand-Pré, Ardennes, arr. Vouziers, ch.-l. de canton.

[63] Rouxès de Chatencourt, de l'aage de lx ans, temounages jureis et requis sur toutes ces chouse devant dites, a lui lues et diligentment expouseies, qu'il en sache, dit ce meimes que Heibers Journeie, ces contemounages devant dis, et ce ce (sic) concorde a lui en toutes chouses et par toutes chouses ; ce ajoustei qu'il meimes temounages qui parolle fut envoiés aveuc autres sergens, de par l'eveque de Verdun, tant com signour souverain, la prevotei de Montfaucon vagant, a wardeir, deffendre et gouverneir les dites ville et prevotei de Montfaucon, et fut en la dite waurde aveuc les autres sergens en la mazon lou prevost de Montfaucon par seix semainnes. Et dit aincor qu'il ait adès veu lou conte de Bar wardeir et deffendre la beie de Bel-Leu aveuc les terres de la dite ebbaie qui sunt de desé lou ruxel de Bieme devers Verdun. Et dit que ne par grace ne par haine ne par pour, par priere, par loier ou par amours il ne depouse ce, mais pour la pure veritei a dire.

[64] Bertinnas de Betincourt, de l'eage de lx ans, tesmoignages jureis et requis sor toutes les chouses desor dites, a lui lu lues (sic) et diligenment exposeies, il s'acorde en toutes chouses a Roxat de Chatencort, son contesmoignage desor dit. Et dit que ce qu'il ait deposei il l'a depousei soulement pour veritei dire.

[65] Colins de Betincourt, freires le dit Beirtinat, de l'eage de l ans, tesmoignages jureis et requis sor toutes les chouses desor dites, il se concorde a Heibert dit Journeie. Et dit encor qu'il ait veut paier l'argent de par mon signor Robert, qui fut esveques de Verdun[1], pour reedeficier la tour de Montfalcon, trente ou quarante livres.

[66] Mes sires Nicoles de Belrain, chancelliers de Verdun, de l'aige de sexante ans, temoignages jurés et requis sor toutes les chouzes desour dites, il s'acorde de tout en tout a mon signour Oude de Sorcey, chevalier, son temoignage desor dit. Et dit aincor que il at veu que li evesques de Verdun, qui avoit a nom Raulz de Torote[2], deffendit la ville de Montfaucon, si com sires sevriens en temporeis chouzes, a contre le conte de Grant-Prei. Et se veist aincor que Jehans, prevost de Montfaucon, reprist la tour de Montfacon en homage de cinc evesques de Verdun, et que

1. Robert de Milan, évêque de Verdun de 1255 à 1271.
2. Raoul de Torote, évêque de Verdun de la fin de l'année 1224 au 21 avril 1245. A sa mort, messire Nicolas de Belrain était âgé de 17 ans au plus.

li dis evesques Raulz la dite tour feist refaire de ces *propres* deniers quant elle fut destrute de *par* le dit conte de Grant-Prei. Et de toutes ces chozes est coumune renoumeie, et dit *que* ces chouzes ai-il deposei *pour* leautei *et pour* veritei.

[67] Encor nos, Ancelz, Evrars *et* Hertemans desor dit, avons veu lettres dont la tenors est teile [1] :

In nomine sancte et individue Trinitatis. Fredericus, divina favente clementia, Romanorum imperator augustus, Alberto, dilecto et fideli suo, Virdunensi episcopo, suisque successoribus imperpetuum. Antecessores nostri reges et imperatores Ecclesiarum rectoribus, archiepiscopis, episcopis, abbatibus et ceteris prelatis ob eorum devotionis et fidelitatis insigne meritum bona data dare consuerunt et ab omni pravorum hominum incursione non tantum eos, sed et eorum possessiones imperiali protectione deffensare. Recolentes igitur ex anteactis episcoporum Virdunensium [2] ad antecessores nostros in diversis rerum et temporum varietatibus memoranda obsequia, tuam quoque personam constanter in nostra fidelitate perseverare cognoscentes, precibus tuis justis permoti, ad impetranda que volueris inclinamur. Beneficium itaque comittatus et marchie, quod recolende memorie Otto, Romanorum imperator augustus, Hemmony, Virdunensi episcopo, et successoribus ejus et per eum Virdunensi Ecclesie quondam donavit, nos, eodem spiritu et eadem firmitate constante, tibi Ecclesieque Virdunensi ac tuis posteris confirmamus, eodem etiam jure et forma donationis valiturum, prout a prefato imperatore Ottone jam dicto antecessori tuo Heimmoni et ceteris episcopis in processu temporis nomen et dignitatem episcopalem subituris dignoscitur esse prestitutum, videlicet ut tu et tui successores liberam in perpetuum habeatis potestatem eumdem comittatum in usus Ecclesie tenendi, comitem eligendi, absque ullo hereditario jure ponendi, habendi, seu quicquid libuerit faciendi, atque modis omnibus disponendi. Bannum, teloneum, monetam et districtum civitatis in omnibus causis criminalibus et civilibus pleno jure tibi et successoribus tuis habenda concedimus, Valdentiam quoque castrum [3] cum advocatia et banno, et curiam que Molendinum dicitur [4]

1. Le diplôme suivant a été publié d'après l'original par Mabillon, *Librorum de re diplomatica Supplementum* (1704, in-fol.), p. 100. Le texte de Mabillon ne présente avec celui-ci que des différences d'orthographe.

2. *Mabillon :* Virdunensium episcoporum.

3. Veldenz, slège d'un ancien comté, aujourd'hui Prusse rhénane, régence de Trèves, cercle de Bernkastel. La chronologie historique des comtes de Veldenz a été donnée dans le supplément de l'*Art de vérifier les dates.* Ce lieu et les quatre suivants étaient encore tenus en fief de l'évêque de Verdun en 1509 (Roussel, *Hist. eccl. et civ. de Verdun,* nouvelle édition, preuves, p. xcv).

4. Mühlheim, près Veldenz, mêmes régence et cercle.

cum suis pertinentiis, Wolferi Villare [1] cum advocatia et banno et ceteris
pertinentiis, Bemondulam [2] cum banno et advocatia et suis pertinentiis,
curiam Sancti Medardi [3] cum banno et advocatia et suis pertinentiis,
curiam Juppilie [4] cum banno et advocatia et suis pertinentiis, fundum
Juveniacensis abbatie [5] cum banno et advocatia et suis pertinentiis,
castrum Deus-le-Wart [6] cum banno et advocatia, bannum et advoca-
tiam de Monte Sancti Vitoni [7], fundum ecclesie Sancti Germani Mon-
tiffalconis [8] cum banno et advocatia et suis pertinentiis, castrum Wantron-
nisville [9], Viennam castrum [10], Claromontem castrum [11], Dunum castrum [12]
cum foresto, Mirualt castrum [13], Septiniacum [14], Hatonis Castrum [15] cum
foresto, Sampigniacum castrum [16] : et, si quando tibi et terre tue neces-
sarium fore perspexeris aliud presidium, auctoritatis nostre concessione
construere liceat infra terminos tuos. Ut autem hujus nostre confirma-
tionis statutum omni evo inviolabile permaneat, hanc inde cartam
conscribi et nostra aurea bulla insigniri jussimus, manuque propria
corroborantes ydoneos testes qui presentes aderant subnotari fecimus,
quorum nomina hec sunt : Burchardus Argentinensis episcopus,
Orclebus Basiliensis episcopus, Stephanus Metensis episcopus, Henricus
Tullensis episcopus, Helolphus Marbaccensis abbas, Bartholphus dux,
Matheus dux Lothoringie, Otto Palatinus comes, comes Rodulphus,
comes Ulricus, marchio Hermannus, comes Warnerus, comes Theode-
ricus, Symon comes, Conrardus comes, et multi nobiles. Signum
domni Frederici, Romanorum imperatoris augusti.

Ego cancellarius Reinaldus, vice Arnaldi Maguntini archiepiscopi
et archicancellarii, recognovi.

1. Wolfersweiler, Oldenbourg, principauté de Birkenfeld, office de Nohfelden.
2. *Bemueld* en 1509 (Roussel, *l. c.*); Baumholder, Prusse, régence de Trèves,
cercle de Sanct Wendel?
3. Medard, Prusse, régence de Coblenz, cercle de Meisenheim?
4. Jupille, Belgique, prov., arr. et cant. Liège.
5. Juvigny-sur-Loison, Meuse, arr. et cant. Montmédy.
6. Dieulouard, Meurthe-et-Moselle, arr. Nancy, cant. Pont-à-Mousson.
7. Le Mont-Saint-Vanne, arr., cant. et comm. Verdun.
8. Montfaucon-d'Argonne, arr. Montmédy, ch.-l. de canton.
9. Watronville, arr. Verdun, cant. Fresnes-en-Woëvre.
10. Vienne-le-Château, Marne, arr. Sainte-Menehould, cant. Ville-sur-Tourbe.
11. Clermont-en-Argonne, arr. Verdun, ch.-l. de canton.
12. Dun-sur-Meuse, arr. Montmédy, ch.-l. de canton.
13. Mureau ou Muraut, arr. Montmédy, cant. et comm. Damvillers, ou Mur-
vau, arr. Montmédy, cant. Dun-sur-Meuse ? (Liénard, *Dict. top. du dép. de
la Meuse*, p. 163, col. 1.)
14. Stenay, arr. Montmédy, ch.-l. de canton ? (*Ibid.*, p. 230, col. 1.)
15. Hattonchâtel, arr. Commercy, cant. Vigneulles-lez-Hattonchâtel.
16. Sampigny, arr. Commercy, cant. Pierrefitte.

Datum Columbarie, sexto decimo kal. septembris, anno dominice incarnationis Mill° C° L° vj°, indictione quarta, regnante domino Frederico, Romanorum imperatore gloriosissimo augusto, anno regni ejus quarto, imperii vero secundo [1].

En tesmognaige de la queil chose, nos, Ancelz, Hartemans *et* Evrars desour dit, avons mis nos saels en tesmognage de *veritei* en cest *present* escrit, l'an de grace M. CC. quatre vins *et* eut, le mardi *après* la Trinitei [2].

1. Colmar (Haute-Alsace), 17 août 1156. — Le monogramme de l'empereur Frédéric Ier est figuré en marge des souscriptions.
2. Le 25 mai 1288. Voir ci-dessus, § V̄, la description des trois sceaux.

Nogent-le-Rotrou, imprimerie DAUPELEY-GOUVERNEUR.

LA FRONTIÈRE D'EMPIRE DANS L'ARGONNE.

ADDITIONS ET CORRECTIONS.

P. 3, note 2, ajouter aux ouvrages indiqués l'*Histoire de Verdun et du pays verdunois*, par feu l'abbé Clouët (Verdun, 1867-1870, 3 vol. in-8°). — Je dois à M. Paul Meyer la connaissance de ce livre, que j'avais eu le tort de négliger d'abord, et où j'ai trouvé, sur son indication, plusieurs renseignements utiles.

P. 5, ligne 4 du bas du texte, sur les mots *nobilem virum .. de Albo Monte*, ajouter en note : Henri de Blamont, frère du primicier ou princier de Verdun, Thomas de Blamont (Clouët, t. III, p. 9). — Blamont, Meurthe-et-Moselle, arrondissement de Lunéville, chef-lieu de canton.

P. 9, lignes 8 à 18. — L'abbé Clouët, t. II, p. 487, mentionne et reproduit en partie l'acte de *compagnie* des chanoines de Montfaucon-d'Argonne avec Philippe le Hardi, pour le partage de la seigneurie et de la justice de ce lieu et des environs. Il ne dit pas où il avait vu cette pièce, qui ne se retrouve aujourd'hui ni aux archives nationales ni aux archives de la Meuse. La date exacte de cet accord est le mardi après la Circoncision, l'an 1272, c'est-à-dire le 5 janvier 1273, nouveau style. Voici l'extrait donné par Clouët : « Omnibus, etc., Fulco et Acelinus canonici et procuratores Johannis preposite, Nicolai decani totiusque capituli ecclesie Montisfalconis, Remensis diocesis... Excellentissimum dominum nostrum Ph. Dei gratia Francorum regem associamus medietati omnium possessionum, jurium, justitiarum nostrarum, videlicet in villis de Montefalconis, de Chesserges, de Cuisiaco, de Gericort, de Duyllancort, de Ceri, de Espenonville, de Gennes[1], in hominibus, *terragiis, pratis, aquis, furnis, molendinis factis et faciendis, in villis* edificandis et in omnibus accrescentiis que fient de cetero in terra nostra... Actum Parisiis, die Martis post Circumcisionem Domini, anno ejusdem millesimo ducentesimo septuagesimo secundo. » On trouvera également dans Clouët, t. III, p. 221, l'acte de renouvellement de la compagnie entre le roi et Montfaucon, en novembre 1319 (ci-dessus, p. 12).

P. 11, ligne 13. — Montfaucon est mentionné dans le partage du royaume de Lothaire entre Charles le Chauve et Louis le Germanique, en 870 (*Monumenta Germaniae*, legum t. I, p. 517). Il appartenait donc alors à ce royaume et non à celui de France. C'est un motif de plus d'attribuer ce lieu, pour les siècles suivants, à l'Empire.

---

1. Montfaucon-d'Argonne, Meuse, arr. de Montmédy, chef-lieu de canton ; Septsarges, Ouisy, Gercourt-et-Drillancourt, Cierges, Épinonville et Gesnes, communes du canton de Montfaucon-d'Argonne.

Pages 11 (note 2), 12 (note 2, ligne 5) et 18 (note de la page précédente, ligne 3), au lieu de I, lire II.

P. 20, ligne 2, au lieu de *Verdunensis*, lire *Virdunensis*.

P. 20, lignes 4 à 9. — Comparez Clouët, t. II, p. 241 : « On remarquait encore, comme singularité topographique de cet endroit (Lachalade), que les diocèses de Verdun, de Reims et de Châlons confinaient, à dix pas de l'abbaye, à l'un de ces petits ponts que l'on appelait autrefois Planchettes. »

P. 21, lignes 3 à 14, et p. 38, lignes 14 à 24. — L'assertion du témoin Richard le Grenetier, doyen de Verdun, au sujet des sergents français envoyés « pour défendre qu'on ne mène laines du royaume en l'Empire », des enquêtes faites à Verdun par un bailli français et de l'ordre du roi de France, enjoignant aux Verdunois de livrer à ses agents « un de leurs citoyens, pour justicier et pour punir, » est confirmée de tout point par deux arrêts du parlement, retrouvés par M. Delisle et insérés dans son *Essai de restitution d'un volume des Olim*. Le premier de ces arrêts, rendu au parlement de l'Épiphanie en 1278 (nouveau style), ne nous est connu que par une analyse du xviᵉ siècle : « Les bourgeoys de Verdun en Lorraine respondent en parlement a la vefve feu Philippes le Clox, bourgeoise du roy à Sens, et sont condamnés pour prise et arrest de laines faictz audict Verdun, qui est estrange. » (Boutaric, *Actes du parlement de Paris*, t. I, p. 348, n° 310.) Le second, du terme de la Toussaint de l'an 1287, nous est parvenu intégralement : « Per inquestam super hoc factam probata est injuria illata servientibus lanarum ab aliquibus de Verduno, propter quod mandatum est rectoribus Verduni ut tradant Parium Celium (variante : Colcum) civem suum curie nostre seu gentibus domini regis puniendum, et primicerio Verduni, tenenti locum episcopi sede vacante, ut faciat emendari prisiam dictorum servientium per gentes suas et detencionem eorum in castro de Thom in carcere, quod castrum est episcopale[1]. » (*Ibid.*, p. 409, n° 662.)

Julien HAVET.

---

[1]. Il s'agit probablement d'Hattonchâtel (Meuse, arr. de Commercy, canton de Vigneulles), où les évêques de Verdun avaient une forteresse importante et le siège principal de leur justice (Liénard, *Dictionnaire topographique du département de la Meuse*, p. 104).

(Extrait de la *Bibliothèque de l'École des chartes*, t. XLII, 1881.)

Nogent-le-Rotrou, imprimerie DAUPELEY-GOUVERNEUR.

www.ingramcontent.com/pod-product-compliance
Lightning Source LLC
LaVergne TN
LVHW022206080426
835511LV00008B/1612